철학이 내 손을 잡을 때

철학이 내 손을 잡을 때

나의 오늘을 춤추게 하는
철학의 한마디

김수영

우리학교

들어가는 말

철학은 학문의 하나입니다. 물론 학문이란 도대체 무엇이고 또 어떻게 정의할 수 있는지, 그리고 이렇게 정의한 학문 중에서 철학은 어디에 위치하는지 등을 두고 지극히 철학적인 질문을 던질 수 있습니다. 어쨌든 부정하기 어려운 사실 중 하나는, 철학은 학문의 하나라는 것입니다.

여러 학문 중에서도 철학은 역사가 매우 오래된 학문입니다. 사실 매우 오래되었다는 표현이 정확하지 않을 수 있겠습니다. 철학은 단연코 가장 오래된 학문이라고 말해야 합니다. 학문 자체가 철학의 성립과 더불어 출발했기 때문이죠. 합리적 추론과 논증에 바탕을 둔 이론 체계는 저 고대 그리스에서 철학이라는 이름으로 처음 출현했습니다.

역사가 매우 오래된 학문이라는 사실로 인해 우리는 철학을 공부할 때 커다란 어려움에 맞닥뜨립니다. 철학을 구성하는 다양한 개념들의 역사는 아주 깁니다. 물론 현대 철학자들이 새롭게 만들어 낸 개념도 있지만, 이것은 전통적 개념을 의식하면서 이를 비판적으로 넘어서기 위한 노력의 결실입니다. 따라서 철학적 개념은, 최근에 탄생했다 하더라도 전체 철학의 역사에 의존하고 있다고 볼 수 있습니다.

그런데 이 어려움을 통해 우리는 철학에 진입하려는 이들이 어디로 눈을 돌려야 하는지 알게 됩니다. 다름 아닌 철학이라는 구조물을 지탱하는 다양한 개념들, 그리고 해당 구조물의 일부인 수많은 개념들로 구성된 두꺼운 역사적 지층입니다. 그러자면 해당 개념이 탄생하는 과정을 조금 자세히 살펴보아야 합니다.

우리는 철학의 역사를 통해서 철학 안으로 들어갑니다. 이건 좀 특이한 일입니다. 가령 과학의 역사를 공부하는 일은 매우 흥미로울 수 있지만, 우리가 과학의 역사를 통해 과학 안으로 들어간다고 말할 수는 없습니다. 오직 철학만이 역사를 통해서 자신을 온전히 펼쳐 보입니다.

이 책은 철학자들이 남긴 유명한 문장들, 철학자들의 이론을 구성하는 중요한 개념들, 철학에서 매우 자주 사용되는 문구들을 선별해서 이와 관련한 역사적 지층과 의미를 살피고 있습니다. 여기서 소개한 철학의 말 중에는 여러분이 미처 알지 못했던 말도 있고, 또 어렴풋이 알고 있다고 생각했지만 분명하게 이해하지는 못한 말도 있으리라 생각합니다.

그동안 온라인 교육 콘텐츠 사이트인 SeriCEO.org에서 〈철학자의 시선〉이라는 제목으로 진행했던 강의 덕분에 이 책이 나올 수 있었습니다. 철학의 언어들이 감추고 있는 깊은 의미를 조금이라도 밝은 빛 아래 드러내 저 철학자들의 말이 오늘날 내 철학의 시각을 가다듬는 데 도움이 되면 좋겠다고 생각했습니다. 이 연속 강의를 시작한 지 벌써 여러 해가 지났습니다. 그동안 흥미롭게 봐 주시고 격려해 주신 많은 분께 감사의 말씀을 드립니다.

2023년 여름

김수영

차례

Part 2

철학의 지혜를 선물하는 한마디

Part 3

우리는 어떤 존재인가를 묻는 한마디

Part 4

'같이'의 가치, '함께'의 힘을 일깨우는 한마디

Part 5

삶과 죽음 사이, 나의 시간을 현명하게 살아 내기 위한 한마디

Part 6

세상의 속도에 휩쓸리지 않는 생각의 뿌리를 키우는 한마디

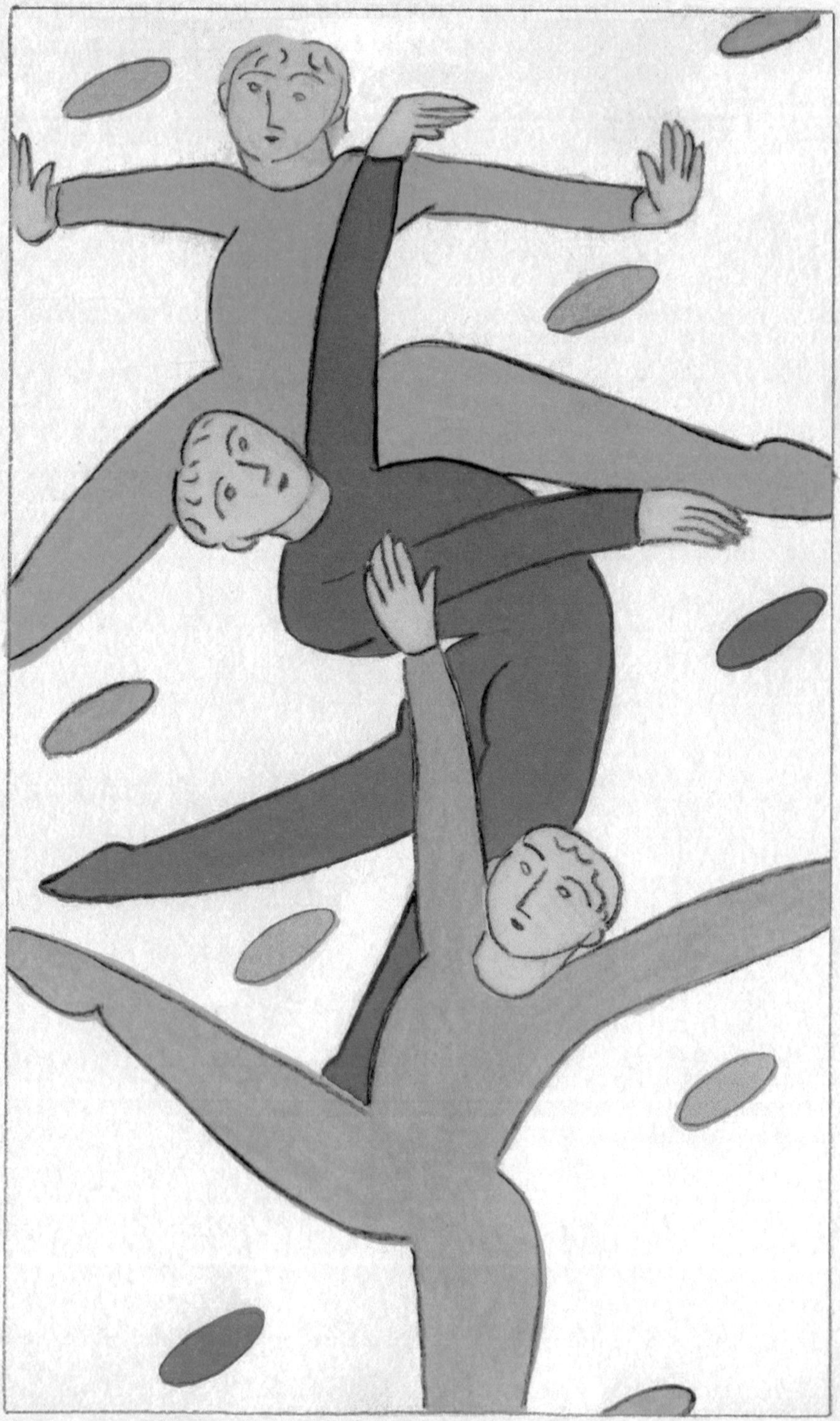

Part 1

이번 생을 춤추게 만드는 용기의 한마디

“여기가 로도스다, 여기서 뛰어라”

혹시 이 말을 듣거나 읽어 본 적이 있는지 모르겠습니다. 널리 알려지진 않았지만, 사실 철학자들이 무척 사랑했던 말입니다. 역사도 아주 오래되었습니다. 기원전 6세기에 활약했던 그리스 작가 아이소포스가 남긴 글에 처음 등장하니까요. 우리가 흔히 영어 이름으로 이솝이라고 부르는 아이소포스는 흥미로운 이야기를 듬뿍 담은 우화집을 남겼는데요, 여러분도 어렸을 때 한 번씩은 접했으리라 생각합니다.

그가 들려주는 이야기의 내용은 이러합니다. 어느 떠돌이가 오랜만에 고향에 돌아왔습니다. 반가운 고향 친구들을 많이 만났겠죠. 친구들 앞에서 무용담을 늘어놓습니다. 그런데 허풍이 좀 센 사람이었던 모양입니다. 예전에 로도스라는 섬에서 멀리뛰기 시합에 참여했는데, 어마어마한 거리를 뛰었다고 자랑했죠. 말없이 듣고 있던 친구가 따끔하게 쏘아붙였습니다. “여기가 로도스다, 여기서 뛰어 보아라!”

로도스는 그리스의 남동쪽, 튀르키예의 남서쪽에 있는 큰 섬입니다. 그러니까 그리스 본토와는 아주 멀리 떨어져 있지요. 이렇게 먼 곳에서 그가 무엇을 했는지 어찌 알겠습니까. 그가 지금, 여기서 실력을 증명할 수 있다면 쓸데없이 장황한 무용담을 늘어놓을 필요도 없겠죠. 지금 확실히 실력을 보여줄 수 없다면 이런 허황된 이야기들은 아무 소용도 가치도 없습니다.

이솝 우화집에 포함된 수많은 이야기 속에 묻혀 있던 이 일화는 2000년 정도가 지나 사람들 입에 오르내리기 시작합니다. 인문주의자 데시데리위스 에라스뮈스가 1500년에 펴낸 《격언집》에 이 문장이 실렸기 때문입니다. “여기가 로도스다, 여기서 뛰어라.”는 “히크 로두스, 히크 살투스Hic Rhodus, hic saltus.”라는 생동감 넘치는 운율의 라틴어 문장으로 책에 실렸고, 이 책의 성공과 함께 후대에 전해지면서 더욱 널리 퍼졌죠.

에라스뮈스는 이 문장을 인용하면서, 현실에서 증명하고 구현할 수 없다면 아무리 훌륭한 능력이라 해도 의미가 없다고 해석했습니다. 우리 주변에도 그런 사람들이 얼마나 많습니까. 그들은 사회와 국가의 문제에 대해 어마어마한 담론을 펼쳐 놓으면서 자신이 해결하겠노라고 공언하지만, 실제로는 아무런 해결책을 가지고 있지 못한 경우가 허다합니다. 추상적인 이야기들만 늘어놓을 뿐 현실의 문제들을 해결할 능력은 전혀 지니지 못한 이들을 우리는 얼마나 많이 보아 왔습니까. 그런 이들에게 이 말을 들려주고 싶습니다. "여기가 로도스다, 여기서 뛰어라."

에라스뮈스 이후로 여러 사람이 이 격언을 인용했지만, 독일의 철학자 프리드리히 헤겔의 경우는 특별히 눈여겨볼 만합니다. 1820년에 《법철학》이라는 저서를 출판했는데요, 이 책의 서문에서 다음과 같이 썼습니다.

> **"'여기가 로도스다, 여기서 뛰어라.' 이 문장을 조금 고쳐서 다음과 같이 말할 수 있다. '여기 장미가 있다, 여기서 춤추어라.'"**

어찌하여 갑자기 장미가 튀어나온 걸까요. 춤이라니, 이건 또 무슨 소리일까요. 헤겔은 사실 언어유희를 보여 주고 있습니다. 우선 로도스Rhodus를 로돈Rhodon으로 살짝 고쳤습니다. 고대 그리스어로 장미라는 말입니다. 영어 로즈rose의 어원이기도 하지요. 그리고 '뛰어라'에 해당하는 살투스saltus를 살타salta로 고쳤습니다. 그러면 '뛰어라'는 '춤추어라'가 됩니다.

결국 "히크 로도스, 히크 살투스."를 "히크 로돈, 히크 살타Hic Rhodon, hic salta." 로 바꾼 것입니다.

그렇다면 왜 헤겔은 저 유명한 문장을 바꾸어 썼을까요? 헤겔은 다음과 같이 말합니다.

"이성을 현재라는 십자가 위에 놓인 장미로 인식하는 일, 그리고 거기에서 기쁨을 발견하는 일, 이러한 이성적인 통찰이야말로 철학이 우리에게 안겨 주는 현실과 화해하는 길이다."

이 말 "여기가 로도스다, 여기서 뛰어라."는 '지금'과 '여기'의 중요성을 강조합니다. 예전에 영웅적인 일을 해냈다 해도 지금 다시 증명하지 못하면 아무런 의미가 없습니다. 막연히 미래에 무엇인가 구현되리라 기대하는 일 역시 의미 없기는 마찬가지입니다.

그런데 헤겔에 의하면 자신의 의지를 지금 여기서 실현하는 일은 그 자체로 즐거워야 합니다. 그는 우리가 현재를 살아가는 일은 장미처럼 아름답고 춤추는 일처럼 즐거워야 한다고 말합니다. 물론 이 일이 항상 쉽지는 않습니다. 그래서 헤겔은 아마도 기쁨의 상징인 장미를 고통의 상징인 십자가 위에 두었는지도 모릅니다.

"여기가 로도스다, 여기서 뛰어라." 사실에 토대를 두고 진리를 탐구하는 정신으로, 무엇보다 현실을 냉철히 직시하며 기쁨과 즐거움으로 가득한 마음으로 매사에 임하는 일, 이것이야말로 이솝과 에라스뮈스, 헤겔이 모두 권하는 인생에 임하는 참된 태도입니다. 로도스는 저 먼 곳에 있지 않습니다. 우리가 숨 쉬는 공간, 지금 우리가 살아가는 이곳이 바로 로도스입니다. 여기서 뛰고 여기서 춤추십시오. 그러면 여기 아름다운 장미가 피어날 것입니다.

“행운은
용기 있는 자를 돕는다”

이 말을 남긴 사람은 고대 로마 작가 테렌티우스입니다. 기원전 195년경에 태어나서 기원전 159년에 사망했는데요, 탁월한 희극 작품들과 시를 남겼습니다. 테렌티우스의 희극 작품인 〈포르미오〉에 “행운은 용기 있는 자를 돕는다.”라는 이 문장이 나옵니다. 라틴어로는 “Fortis fortuna adiuvat.”입니다.

당시 로마에서 이 말이 크게 유행했던 모양입니다. 이로부터 약 100년 뒤, 그러니까 기원전 45년경에 철학자 마르쿠스 키케로가 《투스쿨룸 대화》라는 책을 썼는데, 테렌티우스의 이 문장을 인용하면서 ‘오래된 격언’이라고 표현했습니다. 물론 우리가 문헌으로 확인할 수 있는 바로는 테렌티우스가 이 문장을 처음 쓴 인물이지만, 널리 알려진 문장을 그저 인용했을 뿐인지도 모릅니다. 어찌 되었건 이 문장 "행운은 용기 있는 자를 돕는다."는 당시 로마에서 매우 널리 알려진 격언이었던 것은 분명합니다.

이 문장에서 포르투나fortuna는 단순히 추상적인 개념의 행운만을 의미하지는 않습니다. 로마 신화에서 포르투나는 행운의 여신입니다. 그러니까 오늘 우리의 격언을 이렇게 풀어서 해석할 수도 있습니다.

> **"행운의 여신은 용기 있는 자, 강한 자, 대범한 자에게 다가가서 그를 도와준다."**

행운의 여신, 포르투나는 어떤 신이었을까요. 포르투나는 중세와 르네상스, 근대에 이르기까지 많은 사람의 상상력을 자극한 매우 중요한 여신입니다. 많은 화가들이 포르투나 여신을 그렸는데 한 가지 중요한 공통점을 발견할 수 있습니다. 포르투나가 대개 공 같은 둥근 물체 위에 서 있다는 것입니다. 공 위에 서 있다, 어떤 뜻일까요? 공은 우연을 상징합니다. 어디로 굴러갈지 예측하기 어렵습니다. 어디로 튈지도 알 수 없죠. 럭비공만 그런 것이 아닙니다. 야구에서도 아주 미세한 타이밍이나 발사각, 바람의 방향 같은 요인이 개입해 타자가 친 공이 홈런도 되고 파울도 되니까요. 행운의 본질은 우연성입니다. 행운이 어디로 향할지는 이리저리 튀는 공처럼 도대체 알 수가 없습니다. 그래서 포르투나 여신은 공 위에 위태롭게 서 있습니다.

포르투나 여신의 둘째 특징은 눈을 가리고 있다는 점입니다. 흰 천으로 눈을 가리고 있어서 앞을 보지 못합니다. 앞을 못 보는 것일 수도 있고 안 보는 것일 수도 있습니다. 행운의 여신 포르투나는 사람들을 하나하나 판단하지 않습니다. 상대가 어떤 사람인지, 승리의 열매를 손에 쥘 자격이 있는 존재인지 생각하지 않습니다. 우리 시대 행운의 상징인 로또를 생각하면 금방 이해할 수 있습니다. 행운이 어디로 향할지는 누구도 알 수 없습니다. 행운은 그만큼 맹목적이고, 우연성을 띱니다.

이제 원래의 격언으로 돌아가 보겠습니다. "행운은 용기 있는 자를 돕는다.", "행운의 여신은 용기 있는 자, 강한 자, 대범한 자에게 다가가서 그를 돕는다." 이는 눈을 가린 채로 둥근 물체 위에 위태롭게 서서 아무런 원칙도 없이 인간의 행불행을 결정하는, 그래서 우연성과 맹목성이 존재의 본질인 포르투나 여신에 대한 관념과 모순되는 것은 아닐까요.

전혀 그렇지 않습니다. 행운이 어디로 갈지 우리는 알 수 없습니다. 그렇다면 우리가 할 수 있는 일은 무엇일까요? 우리는 부지런히 이 길 저 길로 행운을 찾아 나서야 합니다. 복권에 당첨되려면 일단 부지런히 복권을 사야 하고, 네잎클로버를 찾으려면 부지런히 들판을 누벼야 합니다. 용기 있게 부지런히 움직이는 자, 바로 그가 행운을 얻을 것입니다.

"행운은 용기 있는 자를 돕는다."라는 말은 우리가 잘 알고 있는 "하늘은 스스로 돕는 자를 돕는다."라는 말과 비슷합니다. 행운, 이것은 우리로서는 도저히 알 수도 붙잡을 수도 없는, 어딘지 다른 영역에 속해 있습니다. 어느 날 우리 앞에 갑자기 나타날 뿐입니다.

행운이 나타났을 때 준비된 사람은 붙잡을 테고, 그렇지 못한 사람은 행운이 눈앞을 지나가는데도 알지 못하고 무료한 일상을 이어 나갑니다. 행운을 바라십니까? 부지런히 움직이고, 강하게 부딪치고, 용기 있게 싸워 나가세요. 행운은 맹목적이고 우연에 휘둘리며 변덕스럽지만, 우리에게는 용기라는 무기가 있습니다. 이 용기로 포르투나 여신의 선물을, 행운을 얻게 됩니다. 우리는 행운을 그렇게 만들어 갑니다.

"콘케도 눌리"

먼저 로마 신화 한 토막을 살펴볼까요. 로마 신화는 그리스 신화를 바탕으로 삼고 있어서 대부분의 신들이 이름만 조금 다를 뿐 성격은 거의 같습니다. 그래서 보통 '로마 신화'라고 하지 않고 '그리스 로마 신화'라고 말하죠. 그런데 드물게도 로마 신화에서 새로 나타난 신들이 있습니다. 오늘 말씀드릴 테르미누스가 그렇습니다.

테르미누스는 경계 혹은 경계선의 신입니다. 농경이 중시되었던 로마에서 내 땅과 네 땅을 나누는 경계선은 각별한 의미가 있었고 여기에 종교적 신성이 부여되어 테르미누스가 탄생했습니다. 로마가 수많은 전쟁을 치르면서 테르미누스의 중요성은 더욱 커졌습니다. 테르미누스는 흔히 확고한 경계를 표현하는 커다란 돌로 상징되었습니다.

아주 먼 옛날 로마의 왕이 유피테르 신전을 지었습니다. 유피테르는 그리스 신화의 제우스에 해당하는 최고신입니다. 유피테르는 신전에 먼저 들어와 있던 여러 신들에게 자리를 비켜 달라고 했는데, 오직 테르미누스만이 떡 버티고 서서 이 부당한 요구에 굴복하지 않았다고 합니다. 경계의 신인 테르미누스에게 참으로 어울리는 담대한 행동입니다.

테르미누스의 모토가 바로 "콘케도 눌리Concedo nulli."입니다. 문장을 이해하기 위해 먼저 concedere라는 단어를 살펴보겠습니다. 영어 concede의 어원이 되는 라틴어 동사죠. 영어 concede는 일반적으로 '동의하다'로 해석하는데 사실 독특한 뉘앙스를 지닌 동사입니다. 그냥 동의하는 게 아니라, 마지못해서, 그러니까 내 뜻에 반해서 무언가를 인정할 수밖에 없을 때 사용하는 동사입니다. 라틴어 concedere에서 con은 강조하는 의미를 띤 접두어이고, cedere는 '가다'라는 뜻의 동사입니다. 즉 concedere는 내키지 않지만 어쩔 수 없이 가 버린다는 의미를 담고 있습니다.

문장 속의 콘케도concedo는 동의하다, 양보하다, 자리를 내어 준다는 뜻이고, 눌리nulli는 영어의 nobody라는 의미죠. 그러니까 "나는 아무에게도 동의하지 않는다, 나는 아무에게도 양보하지 않는다."라는 의미입니다.

“콘케도 눌리.”는 르네상스 시기 걸출한 학자였던 에라스뮈스의 삶의 신조이기도 했습니다. 에라스뮈스는 자기 삶의 상징으로 테르미누스 신을 선택했지요.

에라스뮈스는 1466년에 네덜란드의 로테르담에서 태어났는데, 요하네스 구텐베르크가 금속활자 인쇄술의 혁명을 일으킨 해로부터 16년 뒤이고, 종교 개혁자 마르틴 루터가 태어나기 17년 전입니다. 그러니까 중세 가톨릭을 뒤흔든 신교가 탄생하기 전, 전형적인 과도기에 태어났다고 할 수 있습니다. 에라스뮈스는 이런 시기를 살았습니다.

에라스뮈스는 25세 때 가톨릭 사제 서품을 받았지만, 정식 신학자나 사제의 길을 걷지 않고 독자적인 삶을 이어 갔습니다. 수도원을 벗어나 당시 학문의 중심지였던 프랑스의 파리, 그리고 영국과 이탈리아, 스위스 등을 여행하면서 세계적인 학자들과 교류했고, 이를 통해 고전학자로서 학문의 깊이를 더해 갔습니다. 말하자면 제도권 밖의 독립 연구자였지요.

성품이 강직했던 에라스뮈스는 어느 편에도 섣부르게 가담하지 않았습니다. 당시 가톨릭교회를 비판해서 미움을 샀는데, 후에 루터가 종교 개혁의 깃발을 들고 합류하기를 청했을 때는 이를 거부했습니다. 여러 이유가 있었지만, 특히 인간의 자유 의지에 대한 루터의 비판적인 태도 때문이었죠.

에라스뮈스는 구교(가톨릭)와 신교 어느 편에도 서지 않았습니다. 그의 중요한 저술 중 하나인 《우신예찬》에 잘 나타나 있듯이, 에라스뮈스는 자신의 시대와 비판적인 거리를 유지하면서 살았습니다. 권력과 거리를 두었기에 평생 매우 곤궁한 삶을 이어 갈 수밖에 없었지만, 결코 자신의 신념을 포기하지 않았습니다.

이런 에라스뮈스가 자기 삶의 상징으로 경계의 신 테르미누스를 선택한 것은 매우 자연스러운 일로 보입니다. 테르미누스의 "콘케도 눌리."야말로 누구에게도 쉽게 동의하지 않고, 아무에게도 양보하지 않는 에라스뮈스의 삶을 가장 잘 요약하는 말이기 때문입니다. 그렇다면 이런 자세는 에라스뮈스 같은 걸출한 인물에게만 필요한 덕목일까요? 여러분도 때로 누군가의 부당한 압력을 받을 때가 있을 것입니다. 그럴 때면 내 생각을 버려야 하나, 내 주장과 논리를 포기해야 하나, 고민하게 되죠. 그럴 때 이 문장, "콘케도 눌리."를 기억하고 다시금 나의 생각을 정립한 뒤 용기 내기를 바랍니다.

“아모르 파티”

연애는 필수 결혼은 선택
가슴이 뛰는 대로 가면 돼
눈물은 이별의 거품일 뿐이야
다가올 사랑은 두렵지 않아
아모르 파티

예전에 큰 사랑을 받은, 가수 김연자 씨의 노래 〈아모르 파티〉 가사입니다. 사랑의 기쁨 앞에서 망설이는 사람들에게 과감하게 사랑의 바다로 뛰어들라는 이야기로 들리는데요. 과연 “아모르 파티.”는 그렇게 사랑하라는 뜻일까요?

독일 철학자 프리드리히 니체는 1882년에 출간한 《즐거운 학문》에서 라틴어 문구인 "아모르 파티Amor fati."를 처음 사용했습니다. 니체 철학의 핵심 개념 중의 하나죠. 얼핏 여러 사람들이 모여 소란스럽게 벌이는 파티 이름처럼 들리지만, 사실은 그렇지 않습니다.

여기서 '파티'는 라틴어 fatum의 2격 형태인데 '운명'이라는 의미입니다. '아모르'는 짐작하다시피 '사랑'입니다. 그러니까 "아모르 파티."는 운명에 대한 사랑을 말합니다. 경쾌한 노래 제목으로 사용되기는 했지만, 의외로 무거운 철학적 개념어입니다. 그렇다면 니체가 생각한 "아모르 파티."의 진짜 의미는 무엇일까요?

운명이란 무엇인가? 이 질문 하나로 우리는 철학의 가장 복잡하면서도 핵심적인 문제로 진입하게 됩니다. 쉽지 않은 문제지만 이렇게 접근해 보면 어떨까요? 운명이라는 말을 들으면 루트비히 베토벤의 제5번 교향곡이 생각납니다. 이 곡에는 '운명'이라는 부제가 붙어 있죠. 어느 날 쉰들러라는 제자가 베토벤에게 물었습니다. "선생님, 이 교향곡 맨 앞부분은 어떤 의미를 담고 있습니까?" 그러자 베토벤은 "운명은 우리의 문을 그렇게 두드린다네."라고 답했다고 합니다.

사실 많은 학자들이 쉰들러의 이 설명을 크게 신뢰하지는 않습니다. 쉰들러가 지어낸 이야기일지도 모른다고 보는 것이죠. 그러나 강하게 심장을 두들기는 듯한 첫 마디 '당당당당—' 소리를 들으면 '운명'이라는 부제가 그럴싸하게 여겨집니다. 어떤 거역할 수 없는 힘이 느껴지기 때문이지요. 안락한 실내에 머무르려는 우리를 흔들어 깨우는 웅장한 소리의 힘 말입니다.

운명의 본질이자 핵심이 되는 의미는 바로 여기에 있습니다. 거역할 수 없음. 반대하고 맞설 수 없음. 우리는 필연적인 것, 도저히 피할 수 없는 무언가를 운명이라고 부릅니다. 사랑하는 사람에게 속삭이는 "너는 내 운명"이라는 말에는 어찌해도 피할 수 없는 인연이라는 뜻이 들어 있지요.

그러니까 니체가 말하는 운명에 대한 사랑은 '필연적인 것에 대한 사랑'이라고 바꾸어 볼 수 있을 듯합니다. 그러면 여기서 한번 생각해 볼까요. 우리는 보통 필연적인 것이라고 하면, 이미 저질러져 돌이킬 수 없는 일을 떠올립니다. 엎질러진 물 같은 거죠. 도대체 어느 누가 이미 엎질러진 물을 다시 담을 수 있단 말입니까? 부정적인 결과를 두고 어찌할지 몰라 고민하는 친구에게 우리는 이렇게 타이르곤 하죠. "그냥 운명이라고 생각해. 받아들여야지 어쩌겠어."

그렇지만 '필연적인 것'에는 이미 일어난 일뿐만 아니라 앞으로 일어날 일까지 포함해야 합니다. 즉 운명은, 이미 벌어진 일이기도 하지만 앞으로 다가올 일이기도 합니다. 그리고 운명을 사랑하라는 말은, 앞으로 다가올 일들을 사랑하는 태도, 긍정하는 태도를 견지하라는 뜻입니다. 니체는 《즐거운 학문》에서 "아모르 파티."에 대해 다음과 같이 말합니다.

> **"나는 세상에서 필연적인 것을 아름답게 보는 법을 더 많이 배우려 한다. 그러면 나는 세상을 아름답게 만드는 사람들 중 하나가 될 것이다. 아모르 파티, 이제부터 그것이 내 사랑이 되도록 하자!"**

"아모르 파티."는 간단히 말해 "너 자신을 사랑하라."라는 뜻입니다. 네가 가는 모든 길, 네가 내리는 모든 선택과 결정은 필연적이니 이를 받아들이고 사랑하라는 뜻이죠. 불행한 현실을 어쩔 수 없이 받아들이는 숙명론과는 다릅니다. 숙명론은 나의 역할을 제한하고 부정적으로 평가합니다. 그러나 니체는 나의 삶을 절대적으로 긍정하자고 말합니다.

혹시 실패하고 절망해 본 적이 있나요? 니체가 말하는 "아모르 파티."는 그런 실패를 받아들이라는 메시지가 아닙니다. 오히려 이 실패를 극복할 수 있는 잠재력이 네 안에 있으니 이를 한껏 펼치기 위해 자신을 믿고 사랑해야 한다는 충고와 격려의 말입니다.

니체가 말하는 "아모르 파티."는 엎질러진 물을 앞에 두고 우는 아이에게 건네는 위로의 메시지가 아닙니다. 오히려 이제 먼 길을 떠나려 신발 끈을 조이는 아이에게 전하는 용기의 메시지입니다. 네가 선택하는 길, 그것을 믿어라. 네가 목표로 삼은 지점까지 갈 힘을 지녔다는 사실, 그것을 믿어라. "아모르 파티."는 그렇게 말하고 있습니다. 우리는 빛나는 미래를 열어 갑니다. 왜냐하면 그것이 우리의 운명이기 때문입니다.

“내일 지구의 종말이 올지라도 오늘 나는 한 그루 사과나무를 심겠다”

누구나 한 번쯤 들어 봤을 정도로 유명한 문장입니다. 드물게도 누가 한 말인지도 잘 알려져 있죠. 바로 17세기 철학자 바뤼흐 스피노자입니다. 그런데 여러분이 좀 실망할 수도 있는데 사실 스피노자는 이런 말을 한 적이 없습니다.

“내일 지구의 종말이 올지라도 오늘 나는 한 그루 사과나무를 심겠다.” 저도 오래전부터 참 좋아한 문장인데요, 말씀드렸듯이 스피노자는 자신의 책 어디에서도 이런 문장을 쓰지 않았습니다. 그런데 참으로 기이하게도 전 세계에서 오직 우리나라에서만 이를 스피노자의 문장으로 잘못 알고 있습니다. 유명한 포털 사이트에서 스피노자를 검색해도 연관 검색어로 뜰 정도로 이 오류는 널리 퍼져 있죠. 짐작건대 1960년대 혹은

1970년대에 누군가 이 문장을 인용하면서 스피노자가 한 말이라고 전했는데, 아무런 의심 없이 빠르게 퍼져 나간 듯합니다. 이 문장이 매력적이었기 때문에 그만큼 전파 속도도 빨랐던 것 같습니다.

그럼, 누가 한 말일까요? 우선 가장 유력한 인물은 독일의 종교 개혁자 루터입니다. 1483년에 태어났으니 스피노자보다 150년 정도 일찍 태어난 인물입니다. 실제로 독일인을 비롯한 유럽의 많은 사람들은 이 문장을 처음 쓴 사람을 루터로 알고 있습니다. 루터가 남긴 말 중에서 가장 유명하기까지 하죠. 어린 시절 루터가 살았던 독일 중부의 작은 도시인 아이제나흐에는 이 독일어 문장이 새겨진 석판까지 있습니다. 그리고 루터의 종교 개혁 500주년을 맞은 2017년에는 독일에서 사과나무 500그루를 심는 흥미로운 행사도 열렸고요.

그런데 문제는 이 또한 잘못된 정보라는 사실입니다. 루터가 남긴 글을 모두 뒤져 보아도 이 문장은 찾을 수 없습니다. 대체 어찌 된 일일까요? 이 오류의 근원은 나치가 권력을 잡은 시기로 거슬러 올라갑니다. 1933년경 히틀러의 독재에 반대하는 이들이 모여 '고백 교회'를 만들었습니다. 여기에 적극적으로 참여했던 카를 로츠 목사는 1944년 10월 5일 동지들에게 다음과 같은 편지를 보냈습니다.

"여러분, 우리 국민의 위태로운 상태에 대한 제 글로 인해서 여러분들이 용기를 잃지 않았으면 합니다. 우리는 다음과 같은 루터의 말을 되새겨야 할 것입니다. '내일 지구의 종말이 올지라도 오늘 나는 한 그루 사과나무를 심겠다.'"

로츠 목사가 이 문장을 어디서 보았으며 왜 루터가 한 말이라고 착각했는지 지금으로선 알 길이 없습니다. 그러나 나치의 지배라는 엄혹한 역사적 상황은 역설적으로 이 유명한 문장과 참 잘 어울리는 것 같습니다. 아무런 희망도 보이지 않던 시절, 저항 운동에 가담했던 종교인들에게 그래도 오늘 우리의 사과나무를 심자는 저 조용한 외침은 얼마나 큰 힘이 되었을지 충분히 상상하고도 남음이 있습니다.

결국 우리가 역사적으로 확인할 수 있는 사실은, 이 말을 한 사람이 스피노자도 아니고 루터도 아니라는 것입니다. 사실 이 말을 누가 처음 했는지는 그리 중요하지 않을지도 모르겠습니다. 우리가 알고 있는 아름다운 속담과 문장들 대부분은 정확히 누가 지어냈는지 알 수가 없습니다. 우리가 알아야 할 것은, 그런 말을 처음 한 사람의 이름이 아니라, 말에 담긴 올바른 의미겠지요.

이 문장은 절망 속 희망을 노래합니다. 스피노자와 루터는 공통점이 있습니다. 스피노자는 매우 가난하게 살다가 44세라는 젊은 나이에 세상을 떠났습니다. 루터도 가톨릭교회라는 당시로서는 어마어마한 권력과 고독한 싸움을 벌이던 사제였습니다. 그들은 모두 힘겨운 싸움을 이어 갔습니다. 끝이 보이지 않았죠. 절망의 안개만이 자욱했을 것입니다. 한발 한발 앞으로 나아가는 일은 얼마나 막막하고 또 힘겨웠을까요. 그래도 저 처절한 발걸음을 멈추지 않았습니다.

우리가 사는 이 시대 또한 참으로 힘겹습니다. 스피노자가 경험했던 그리고 루터가 마주했던 절망적인 현실이 우리 시대에도 펼쳐지고 있습니다. 당장 내일이라도 세상의 종말이 올 것만 같은 위기감이 밀려옵니다. 이럴 때일수록 우리는 다시 사과나무를 심자는 저 외침을 기억해야 합니다. 그렇게 외친 사람이 스피노자면 어떻고 루터면 또 어떻습니까. 중요한 것은 오늘도 한 그루 사과나무를 심어 나가겠다는 의지겠지요. 모두가 부지런히 오늘의 사과나무를 심어 나간다면, 언젠가는 향기롭고 아름다운 사과로 가득한 세상이 올지도 모를 일입니다.

"플루스 울트라"

이 말 "플루스 울트라plus ultra"는 스페인 국기에 새겨져 있습니다. 스페인 국기는 붉은색과 진노란색 띠로 구성되어 있습니다. 그리고 가운데 부분에 국장國章이 들어 있죠. 국장을 자세히 보면 양쪽에 기둥이 서 있고 각 기둥을 플루스PLUS와 울트라ULTRA라는 라틴어 단어가 감싸고 있습니다.

여기서 plus는 영어의 plus를 연상하면 됩니다. '더욱'이라는 뜻이죠. 울트라는 '저 멀리', '저 너머'라는 의미입니다. 구체적으로 말하면 '여기를 넘어서', '여기서 머물지 말고 더 넘어가서', '보다 멀리'라는 뜻입니다. 그러니까 '보다 더 멀리'를 뜻하는 "플루스 울트라"가 스페인이라는 국가의 가장 중요한 모토인 셈입니다.

이 말은 16세기 신성 로마 제국 황제 카를 5세이자 스페인 왕 카를로스 1세이던 사람의 좌우명입니다. 엄청나게 큰 영토를 다스렸던 그에게 참으로 잘 어울리는 말입니다. 그러니까 여기에 머물지 않고 저 너머로 계속 진군하려는 의지를 나라의 제일 가치로 삼은 것입니다.

그런데 스페인 국기에서 PLUS와 ULTRA가 감싸고 있는 두 기둥은 무엇일까요? 이를 알기 위해서는 스페인 남부에 있는 지브롤터 해협으로 가 보아야 합니다. 지브롤터 해협은 유럽의 스페인과 아프리카의 모로코 사이에 있는 해협으로, 지중해와 대서양의 경계라고 할 수 있습니다.

전설에 따르면, 이 해협은 그리스 신화의 영웅 헤라클레스가 만들었습니다. 본래 지중해는 외부로 나가는 통로가 없는 사방이 막힌 바다였습니다. 그런데 헤라클레스가 어마어마한 힘으로 거대한 바위들을 치우고 스페인과 북아프리카 사이에 바닷길을 냈습니다. 그리고 그 바위들은 해협 양쪽에 기둥이 되어 자리 잡았습니다. 이를 '헤라클레스의 기둥'이라고 부릅니다. 물론 오늘날 날씬한 원기둥 형태로 존재하는 것은 아니고, 지브롤터 해협의 북쪽과 남쪽에 매우 인상적인 커다란 바위산이 있는데 이를 '헤라클레스의 기둥'으로 이름 지은 것입니다.

그런데 이 기둥에는 본래 '논 플루스 울트라non plus ultra'라는 말이 새겨져 있었다고 합니다. 라틴어에서 non은 부정어입니다. 즉 '논 플루스 울트라'는 '플루스 울트라'의 반대말입니다. "여기를 넘어가지 말라."라는 뜻이죠. 그러니까 지중해를 항해하는 배들에게 대서양의 망망대해로 나가지 말라고 경고하는 말입니다.

아주 오랫동안 유럽 문명은 지중해를 중심으로 형성되었습니다. 지중해는 서양 문명의 요람이었지만 막막한 한계이기도 했습니다. 누구도 지중해 바깥으로 나아가려고 하지 않았으니까요. 사실 나갈 필요도 없었지요. 그만큼 지중해는 풍요로웠으니까요. 그런데 카를 5세가 수천 년 동안 유럽인들의 금기였던 논 플루스 울트라를 뒤집어서 "플루스 울트라!"라고 외친 것입니다.

당시는 저 유명한 대항해 시기입니다. 스페인과 포르투갈의 함대가 대서양에 진출해서 새로운 항로를 개척하고 낯설고 새로운 땅들을 발견하게 됐습니다. 잘 알려진 예만 들더라도 카를 5세가 태어나기 전, 그러니까 1492년에 크리스토퍼 콜럼버스는 아메리카 대륙에 상륙했고, 포르투갈의 탐험가 바스쿠 다가마와 페르디난드 마젤란은 고국을 떠나 대서양과 인도양 그리고 태평양을 누볐습니다. 지중해를 중심으로 그리스와 로마가 절정의 문명을 꽃피웠다면, 이제 스페인과 포르투갈은 대서양으로 나가 모험을 감행하며 세계의 제국으로 발돋움하고 있었습니다. 그리고 이는 중세를 벗어나 진정한 의미의 근대가 시작되는 계기였습니다.

"플루스 울트라"의 이런 진취적 의미, 근대적 의미는 철학에까지 영향을 미쳤습니다. "아는 것이 힘이다."라는 선언으로 유명한 영국의 경험주의 철학자 프랜시스 베이컨은 1620년에 출간한 《신기관》의 표지에 헤라클레스의 기둥을 넣었습니다. 두 척의 배가 헤라클레스의 기둥을 지나 대서양으로 힘차게 나아가는 그림을 표지에 실었지요. 파도가 넘실대는 저 망망대해로 나가는 배들은 바로 "플루스 울트라", 그러니까 '여기를 넘어 더 멀리'라는 의미를 그림으로 표현한 것입니다.

베이컨의 《신기관》 그리고 그의 경험론 철학, 더 나아가 근대 철학의 정신을 한마디로 표현할 수 있다면 바로 "플루스 울트라"입니다. 서구의 근대 문명은 지중해를 벗어남으로써, 그러니까 오랫동안 고향으로 삼아 온 땅을 벗어남으로써 본격적으로 시작되었다고 할 수 있습니다.

우리의 지중해는 어디입니까? 우리가 벗어나야 할 요람, 우리가 떠나야 할 고향은 어디입니까? 우리가 넘어야 할 산, 우리가 건너야 할 해협, 우리가 통과해야 할 금기의 기둥은 어디 있습니까? "논 플루스 울트라"를 "플루스 울트라"로 바꾼 도전 정신, 이 시대에 우리가 다시 새겨야 할 정신입니다.

Part 2

철학의 지혜를 선물하는 한마디

"메타"

"메타meta", 혹시 이 말이 낯설게 들리시나요? 아마 그렇지 않을 겁니다. 최근 뜨거운 이슈로 떠오른 '메타버스metaverse'라는 용어에도 이 말이 들어 있지요. 메타버스는 '메타meta'와 '유니버스universe'를 합쳐서 만든 말입니다. 이외에도 '메타 이론'이라든가 '메타데이터'라는 말에도 메타가 등장합니다. 혹은 메타만 따로 떼어 내 '메타적 사고방식'과 같이 쓰기도 합니다. 이렇듯 "메타"라는 말은 인문학을 비롯한 여러 분야에서 아주 활발하게 사용되고 있습니다. 다만 단독으로 사용되기보다는 어떤 단어의 앞에 붙는 접두어로 많이 쓰였기 때문에 눈에 덜 띄었을 뿐입니다.

"메타"는 고대 그리스어로, 문장에서 홀로 사용되지 않고 뒤에 오는 낱말과 결합하여 의미를 표현하는 접두사입니다. 메타의 의미는 간단한데, '뒤'라는 뜻입니다. 시간이나 공간, 혹은 순서의 의미일 수도 있는데 어쨌든 '뒤'라는 뜻입니다.

이 메타라는 접두사와 관련된 가장 유명한 말 중의 하나는 아마도 메타피직스metaphysics가 아닐까 생각합니다. 오늘날 우리가 형이상학이라는 알 듯 모를 듯한 말로 번역하는 메타피직스라는 말의 기원을 한 번 살펴보겠습니다.

고대 그리스의 대철학자 아리스토텔레스가 사망한 해가 기원전 322년입니다. 제자들은 스승의 강의록과 초고들을 정리해서 방대한 양의 원고를 만들었습니다. 이 원고들은 아리스토텔레스가 사망한 지 약 300년이 지나 그러니까 기원전 1세기 무렵에 학자들에 의해 본격적으로 정리되기 시작했습니다. 아리스토텔레스는 정말 다양한 분야의 학문을 연구했기에 원고의 양은 그야말로 어마어마했지요. 그러니 글의 순서를 잘 정하는 것도 큰 문제였습니다. 그 결과 다음과 같은 순서로 아리스토텔레스의 글들이 편집되었습니다. 논리학, 윤리학과 정치학, 수사학과 시학, 자연학, 그리고 형이상학입니다.

재미있게도 다른 책들은 대개 제목이 명확히 정해져 있었는데 《형이상학》은 그렇지 않았습니다. 여기에는 '타 메타 타피시카ta meta ta physika'라는 제목이 붙어 있습니다. 메타가 '뒤' 라는 뜻이니 이 말은 '자연학 뒤의 글들'이라는 의미입니다. 그러니까 우리가 형이상학이라고 번역하는 아리스토텔레스 저술 제목은 원래 자연학 뒤에 배치된 글이라는 뜻입니다. 메타피직스라는 단어 자체가 대단히 신비롭거나 심오한 의미를 가진 말은 아닌 것입니다.

그런데 말의 운명이란 참으로 기묘합니다. 원래 '뒤'를 의미했던 메타는 형이상학, 즉 초경험적인 것을 대상으로 하는 학문이라는 뜻과 기가 막히게 잘 들어맞습니다. 자연학 뒤에 형이상학이 오는데 이것은 아리스토텔레스 전집의 순서일 뿐 아니라 형이상학의 본성에 아주 잘 어울린다는 말입니다. 우리는 다양한 자연 현상을 관찰합니다. 우리 일상에서 그리고 자연 과학 분야에서 늘 하는 일입니다. 그런데 여기에 만족하지 않고 관찰을 한 '뒤에' 철학적 질문, 말하자면 형이상학적 질문을 던지게 됩니다. 예를 들어 인생의 어느 시점에서 사랑하는 이의 죽음을 경험한 후에 '인간은 왜 죽는가?'라는 질문을 던지며 절실히 고민하게 됩니다. 이는 형이상학적 질문이고 그래서 자연학 '뒤에' 오는 것입니다.

여기서 메타의 둘째 뜻이 생겨납니다. 즉 '초월'입니다. 앞선 것을 넘어선다는 뜻이지요. 그러니까 형이상학인 메타피직스metaphysics는 피직스physics, 그러니까 자연학을 초월하는, 자연학을 넘어서는 학문을 가리킵니다. 초월은 뒤에 오기 때문에 가능합니다. 메타버스는 유니버스 뒤에 오면서 이를 넘어서는 것이고, 메타이론은 이론 뒤에 오면서 이를 넘어서는 것이며, 메타데이터는 데이터 뒤에 오면서 이를 넘어서는 것입니다.

우리 눈앞에는 다양한 자연 현상과 사회 현상이 어지럽게 펼쳐집니다. 세상일은 철학과 상관없이 먼저 벌어집니다. 철학적으로 생각한다는 말은 대체 무슨 뜻입니까. 바로 메타적으로 생각한다는 뜻입니다. 여러 현상이 나타난 뒤에 철학적 사유는 생겨납니다. 이것이 철학의 단점일까요? 아닙니다. 우리는 수많은 현상의 배후에 있는 의미를 묻습니다. 이에 대한 답을 얻으려면 우선 현상이 나타난 '뒤'에 보아야 합니다. 그래야 비로소 '넘어서는' 일도 가능합니다. 철학적 사유는 메타적 사유입니다. 뒤에 나타나고 또 그래서 넘어서게 됩니다.

"철학은 이론이 아니라 활동이다"

현대 철학자인 루트비히 비트겐슈타인이 한 말입니다. 비트겐슈타인은 19세기 말에 태어나 20세기 초반에 활약하면서 현대 철학의 패러다임을 정했다고 할 수 있는 중요한 철학자죠. 1921년에 출간한 대표적 저서 《논리 철학 논고》에 바로 이 문장, "철학은 이론이 아니라 활동이다."가 나옵니다.

이야기를 이렇게 시작해 보면 어떨까요. 언어의 의미는 어떻게 생겨나고 어떻게 정해지는가? 사물의 이름을 나타내는 품사인 명사의 경우, 어떤 범주에 속한 이름인가, 어떤 대상에 대한 이름인가를 생각해 볼 필요가 있습니다. 예를 들면 '사과'라는 말은 과일 이름이고, '야구'라는 말은 운동 경기 이름입니다. 만약 어떤 사람이 사과를 운동 경기 이름으로 생각한다거나, 야구를 과일 이름으로 생각한다면, 해당 단어의 의미를 아주 엉뚱하게 이해하고 있는 것이겠죠.

그러니까 '철학'이라는 말의 의미를 제대로 이해하기 위해서는 이것이 무엇에 대한 이름인지 생각해 보아야 합니다. 먼저 떠오르는 대답은 철학은 학문에 대한 이름이라는 것입니다. 심리학, 사회학, 물리학처럼 철학도 여러 학문 중 하나를 가리키는 이름입니다. 그런데 모든 학문의 이론은 아주 복잡합니다. 철학도 다르지 않습니다. 역사가 아주 오래된 학문인 만큼 복잡한 이론들이 층층이 쌓여 있습니다. 게다가 현대에 이르러 철학 이론들은 더욱 발전해서 아주 세분화되고 전문화되었죠. 그러니 철학이라는 말은 학문에 대한 이름이요, 이론에 대한 이름입니다.

그런데 비트겐슈타인의 "철학은 이론이 아니라 활동이다."라는 말은 바로 이런 생각에 도전장을 내밉니다. 철학은 단순히 특정 학문이나 이론 체계가 아닌, 활동에 대한 이름이라는 주장이지요. 비트겐슈타인에 따르면 철학은 이론들의 덩어리가 아니라 생동감 있게 살아 움직이는 활동입니다. 그러니 철학을 배운다는 것은 이론을 배우는 것이 아니라 하나의 활동 방식을 익히는 일입니다. 과연 어떤 활동을 말하는 것일까요.

비트겐슈타인에 따르면 이 활동은 근본적으로 '비판'을 가리킵니다. 이때 비판이라는 말은 잘못을 지적한다는 말이 아니라 대상의 구조를 낱낱이 분해해서 하나하나 자세히 들여다본다는 의미입니다. 그러니 '분석'이라는 의미에 가깝습니다. 이마누엘 칸트의 저 유명한 저서의 제목 《순수 이성 비판》에 들어 있는 '비판'이라는 말도 이와 유사한 의미를 띠고 있습니다.

비트겐슈타인에 의하면 우리의 언어 습관은 참으로 혼란스럽습니다. 무의미한 말도 많고 약속된 맥락을 벗어나 혼란스럽게 사용되는 말들도 참으로 많습니다. 비트겐슈타인은 여기에 잘못된 점은 없는지 혹은 혼란스러운 점은 없는지 잘 살피는 것이 철학의 임무라고 말합니다. 그래서 철학은 비판이고 분석이며 다른 말로 하면 '의미의 명료화'입니다.

그러니까 철학을 배워서 새롭게 얻는 것은 이전에 알지 못했던 낯선 이론들이 아닙니다. 어떤 철학자의 사상이나 말, 이론을 학습하는 것은 철학의 본래 목적이 아니라는 의미죠. 우리는 철학이라는 활동을 통해 우리 생각을 검토하여 더욱 체계적으로 정리하고 명료한 의미를 부여하게 됩니다. 물론 무의미하거나 근거 없는 생각은 폐기합니다.

비트겐슈타인은 다음과 같이 말합니다.

"철학의 목적은 사고의 논리적 명료화이다. 철학은 이론이 아니라 활동이다. 철학의 결과는 철학적 명제들이 아니라, 명제들

이 명료해지는 것이다. 철학은 말하자면 흐리고 모호한 사고들을 명료하게 만들고 명확하게 경계 짓는 것이다."

사실 우리는 철학을 이론이 아니라 활동으로 이해하는 철학자들을 여럿 찾을 수 있습니다. 대표적으로 고대 그리스 철학자 플라톤을 들 수 있습니다. 플라톤이라는 이름만 들어도 철학적으로 매우 복잡한 이론들을 남겼을 것 같은 느낌이 들지만, 실상은 그렇지 않습니다. 플라톤의 책을 펼치면 무수한 질문과 논쟁이 발견될 뿐, 우리가 생각하는 이론은 거의 없다는 사실을 알게 됩니다. 사실 좀 당황스럽기까지 하죠. 그래서 예전에 플라톤 연구자들은 플라톤에게는 이른바 '쓰이지 않은 이론'이 있었다고 주장했습니다.

다시 말해 플라톤 같은 위대한 철학자에게 정교한 이론 체계가 없을 리가 없는데 저술에 특별한 이론이 등장하지 않으니, 마치 예수가 그랬던 것처럼 가까운 제자들에게만 비밀리에 알려주던, 글로 적히지 않은 이론이 있을 거라는 주장입니다.

전문 연구자들 사이에서 이제 이 주장은 힘을 많이 잃었습니다만, 이런 주장이 등장하게 된 배경에는 철학은 항상 어떤 이론이어야 한다는 생각이 깔려 있음을 알 수 있습니다. 철학이 반드시 정교한 이론의 형태를 띠는 것은 아닙니다. 철학은 세상에서 벌이는 활동이고 세상을 보는 시선이며 세상을 향한 어떤 자세와도 같습니다.

이 점을 근대 철학자 칸트는 다음과 같이 표현했습니다. "우리가 배우는 것은 철학Philosophie이 아니다. 오직 철학 함philosophieren이다." 여러분은 철학을 배우고 있습니까, 아니면 철학 함을 배우고 있습니까? 중요한 것은 명사로 쓰이는 '철학'이 아니라 동사로 쓰이는 '철학 함'입니다.

“철학은 놀라움에서 시작된다”

이 문장을 처음으로 명시적으로 표현한 철학자는 플라톤입니다. 그는 《테아이테토스》라는 대화편에서 다음과 같이 이야기했습니다. “놀라움의 경험이야말로 철학자의 것이네. 철학은 오직 놀라움에서만 출발하기 때문이지.” 이 점에 대해서는 아리스토텔레스도 전적으로 동의합니다. 그는 《형이상학》에서 다음과 같이 말하죠. “놀라움을 통해서 우리는 철학하기 시작한다.” 이 놀라움을 의미하는 고대 그리스어는 ‘타우마제인thaumazein’입니다. 그런데 왜 놀라움이 철학의 출발점일까요?

놀라움. 이런 감정은 어떨 때 생겨날까요. 일단 쉽게 생각해 볼까요. 놀라움은 예상하지 못했을 때 생깁니다. 골목을 지나는데 갑자기 누가 나타나 깜짝 놀라거나, 숨죽이며 보고 있는 공포 영화에서 갑자기 무언가 튀어나와 깜짝 놀랄 수 있죠. 여기서 놀라움을 일으키는 요소는 분명합니다. 내가 전혀 계산하지도 고려하지도 않았던 상황이나 대상입니다.

물론 놀라움의 감정이 항상 불쾌하거나 부정적인 것만은 아닙니다. 생일을 맞아 깜짝 선물을 주는 가족들은 참으로 유쾌한 놀라움을 안겨 주죠. 하이든의 유명한 〈놀람 교향곡〉도 달콤하고 즐겁기만 합니다.

그러나 부정적 감정이든 긍정적 감정이든, 예상치 못한 돌발 상황에서 생겨나는 마음의 움직임, 즉 놀라움에서 철학이 시작된다는 것은 선뜻 이해되지 않습니다. 플라톤과 아리스토텔레스가 말하는 '타우마제인'에는 이런 놀라움과는 좀 다른 의미가 있습니다. 여기서 아리스토텔레스의 말을 조금 더 들어 보겠습니다. 그는 다음과 같이 이야기합니다.

> **"놀라움을 통해서 우리는 철학 하기 시작한다. 난관에 부딪혀서 놀라는 사람은 스스로를 무지하다고 생각하게 된다. 이 무지의 상태에서 벗어나려고 철학을 하는 것이다."**

여기서 말하는 난관難關은 고대 그리스어로 '아포리아aporia'입니다. 어원은 aporos로 '길'을 뜻하는 poros에 부정접두어 a가 붙어서 생긴 말이죠. 그러니까 길을 가는데 갑자기 길이 없어진 상황을 가리킵니다. 길을 걷다가 막다른 골목에 부딪힐 수도 있고 숲속을 걷는데 갑자기 길이 없어질 수도 있습니다. 그러면 놀라고 당황할 겁니다. 익숙한 것이 사라져서 느끼는 당혹감, 이제까지 걸어온 길로 계속 가면 아무 문제가 없으리라 여겨 안심하고 있었는데 갑자기 길이 사라져서 느끼는 당혹감, 이것이 바로 놀라움의 정체입니다.

이제 문제가 조금씩 풀리는 듯합니다. 아리스토텔레스는 돌연 길이 사라지면, 우리 자신이 아무것도 모른다는 사실에 크게 당황하여 놀라고 이를 극복하려고 철학을 시작하게 된다고 말합니다. 혹시 이런 경험이 있나요? 내가 잘 안다고 생각한 분야에서, 실상은 제대로 아는 것이 없다는 사실을 깨달은 당혹스러운 경험. 이런 놀라움이 철학의 시작점입니다.

여기서 놀라움은 새로운 것이 갑자기 나타나서 생기는 감정이 아니라 오히려 낯익은 것이 사라져서 생기는 감정입니다. 당연한 것이 더 이상 당연하게 느껴지지 않을 때, 철학적인 놀라움이 시작됩니다. 이런 아포리아를 가장 강렬하게 강조한 사람은 아마도 소크라테스일 것입니다. 그는 비판적인 질문들을 던져 사람들의 굳은 신념을 공격했습니다. 그야말로 정파를 뛰어넘어, 자신의 신념과 지식에 안주하는 사람들에게 다가가 결국 그들 스스로 자신의 무지를 고백하게 만들었습니다.

여러분에게도 이런 경험이 있을 것입니다. 그러니까 어떤 방법으로 나름대로 일을 잘해 왔는데 어느 순간 그것이 더 이상 유효하지 않게 됩니다. 아리스토텔레스가 말했듯이 이때 우리는 길이 없어졌다고, 그러니까 아포리아에 부딪혔다고 느끼죠. 이는 절망의 시점이지만 또 한편 혁신과 변화의 시점이기도 합니다.

혹시 아름다운 보라색 꽃 아이리스를 아십니까? 우리말로는 붓꽃이죠. 아이리스는 고대 그리스의 신 이리스Iris에서 나온 이름입니다. 이리스는 무지개의 신입니다. 무지개를 통해 신의 메시지를 전하는 지혜의 신이기도 하죠. 그래서 지혜를 갈구하는 학문인 철학을 상징하기도 합니다. 플라톤은 《테아이테토스》에서 놀라움이 철학의 시작점이라고 주장하면서, 철학을 상징하는 이리스가 놀라움을 상징하는 타우마스의 딸이라는 이야기를 들려줍니다. 철학은 놀라움의 딸입니다. 철학은 놀라움에서 태어납니다.

놀라움이란, 짧은 대답으로 충족되면 사라지는 호기심과는 다릅니다. 놀라움은 늘 우리를 깨어 있게 합니다. 놀라움을 느끼는 것은 우리가 살아 있다는 증거입니다. 아무것도 놀랍지 않은 사람, 더 이상 무엇에도 자극받지 않는 사람은 사실상 죽은 사람일 것입니다.

결국 철학의 역할은 우리를 놀라움의 상태로 붙들어 두는 것인지도 모릅니다. 놀라움이라는 감정을 생생히 살아 있게 하는 일, 이는 끊임없이 자신을 개방하고 새로움에 대한 철학적 사유를 이어 가는 일입니다. 철학은 우리에게 놀라움이라는 실로 놀라운 선물을 안겨 줍니다.

"미네르바의 부엉이는 황혼 녘에야 날아간다"

혹시 여신 미네르바를 아시는지요? 고대 그리스인들이 숭상했던 아테나 여신을 로마인들은 미네르바라고 불렀습니다. 로마인들은 그리스 신화를 그대로 이어받았습니다. 신들의 계보, 각자의 성격과 역할, 그에 얽힌 다양한 이야기까지 거의 달라지지 않았습니다. 오직 이름만 바뀌었을 뿐입니다. 아테나는 미네르바, 제우스는 유피테르, 아프로디테는 베누스, 디오니소스는 바쿠스라는 이름표를 달고 로마에 상륙했습니다. 그래서 우리는 거리낌 없이 '그리스 로마 신화'라고 말합니다. 여기서 그리스와 로마는 거의 동어반복입니다.

아테나 여신, 그러니까 미네르바의 상징은 부엉이입니다. 미네르바가 있는 곳에 항상 부엉이가 있었습니다. 오죽하면 고대 그리스에 "아테나에게 부엉이를 가져다준다."라는 말이 있었을까요. 이는 "에스키모인에게 눈[雪]을 가져다준다."라는 말처럼 쓸데없고 불필요한 행동을 의미합니다. 그만큼 아테나, 그러니까 미네르바와 부엉이는 떼려야 뗄 수 없는 관계에 놓여 있죠.

그런데 왜 미네르바는 부엉이를 항상 데리고 다니는 걸까요. 이유는 미네르바가 지혜의 여신이고, 부엉이야말로 지혜의 상징이기 때문이죠. 지금도 어린이책이나 만화에서 안경 쓴 부엉이가 경험 많은 만물박사로 등장하곤 합니다. 지혜를 상징하는 부엉이에 대한 전통적 관념을 반영하는 것이라 할 수 있습니다.

하늘 높이 나는 독수리나 매가 아니라 부엉이가 지혜의 상징인 이유는, 어두움 속에서도 사물들을 잘 구별할 수 있는 특징 때문입니다. 우리에게 세상은 늘 어둡습니다. 밝고 환한 상태에서 세상의 변화를 판단하고 싶지만, 세상은 늘 자신의 참모습을 가리고 있지요. 우리에게 참된 의미의 지적 도전이 요구될 때는 한 치 앞도 분간할 수 없는 암흑의 시간입니다. 지혜는 낮의 덕목이 아니라 밤의 덕목입니다. 세상에 지혜가 귀하고 가치 있는 이유는, 그만큼 주변이 어두워 분별하고 인식하기 쉽지 않기 때문입니다.

"미네르바의 부엉이는 황혼 녘에야 날아간다."라는 말은 독일 철학자 헤겔이 《법철학》의 서문에 남긴 문장입니다. 이후 헤겔 철학의 핵심을, 혹은 철학의 본질을 표현하는 말로 유명해진 격언입니다. 이 문장에는 지혜와 부엉이와 어두움에 대한 전통적 관념이 잘 어우러져 있습니다.

그런데 왜 헤겔은 "미네르바의 부엉이는 밤에 활동한다."라고 표현하지 않고 "미네르바의 부엉이는 황혼 녘에야 날아간다."라고 적었을까요? 이 질문으로 우리는 이 문장의 핵심에 다가갑니다. 해 질 무렵이란 어떤 시간일까요? 어둠이 시작되기도 하지만 한편으로는 빛이 소멸하는 시점이기도 합니다. 황혼이 시작되었다는 것은 낮이 다 끝나 만물의 활동이 종료되고 정리되었다는 뜻입니다. 그러니까 헤겔의 생각에 따르면, 완전한 지혜는 변화가 끝난 시점에 비로소 얻어집니다.

우리는 변화의 와중에는 참된 지혜를 구할 수 없습니다. 변화의 정체는 변화의 종료와 더불어 드러납니다. 우리는 역사를 읽으며 이런 깨달음을 많이 접했습니다. 혼돈과 격변의 한복판에서는 또렷하게 드러나지 않았던 것들이 시간이 흐르면서 조금씩 드러나 제자리를 잡으며 정리되곤 하죠. 흔히 듣는 "역사의 판단에 맡기자."라는 말도 그래서 등장했을 것입니다.

우리는 대체 무엇을 알고 싶어 합니까? 아마도 현재 맞닥뜨린 상황이 다가올 미래에는 어떻게 펼쳐질지를 알고 싶겠지요. 그러면 미래는 어떻게 알 수 있습니까? 어떤 길을 걸어야, 그러니까 우리 시선을 어디로 돌려야 다가올 일들을 어렴풋이라도 알 수 있을까요. 우리가 처한 현실이 너무도 급박히 돌아가고 있어서, 당장 변화의 방향이 쉽게 눈에 들어오지는 않습니다.

여기서 숨을 한번 고르고 냉정해질 필요가 있습니다. 과거와 현재, 그리고 미래는 모두 연결되어 있습니다. 미래를 올바로 진단하자면 현재 그리고 과거를 냉정하게 판단해야 합니다. 앞으로 벌어질 일을 어떻게 단번에 알아낼 수 있겠습니까. 해가 지고 어둠이 깔리기 시작하면 그날 하루에 관한 생각과 판단이 조금씩 정리되고, 이를 바탕으로 우리는 다가오는 새로운 하루에 관한 생각에 잠깁니다. 그러는 가운데 하루가 지나고 일주일이 지나고 한 달이 지납니다.

우리는 지나간 시간을 돌아보고 이를 통해 어렴풋이나마 다가올 일을 예측합니다. 과거에 대한 회고는 미래 예측을 돕고, 이를 통해 미래를 전망하면 과거를 더욱 또렷하게 해석할 수 있습니다. 이 과정은 흥미롭지만 매우 느리게 진행됩니다. 조바심은 우리를 돕지 않습니다. "미네르바의 부엉이는 황혼녘에야 날아간다." 흐르는 시간이 우리에게 지혜를 가져다줄 것입니다. 시간과 함께 기꺼이 흘러갑시다.

"나는 생각한다, 그러므로 나는 존재한다"

아마도 철학자들의 명언 중에서 가장 많이 들어본 말이 아닐까 합니다. 17세기 프랑스 철학자 르네 데카르트의 말로, 라틴어로는 "코기토 에르고 숨Cogito ergo sum."이라고 합니다. 많이 들어 보기는 했지만, 막상 이 말의 뜻을 설명해 보려 하면 고개를 갸웃하게 됩니다.

내가 존재하는 거야 분명한 사실이죠. 누가 이를 의심할 수 있겠습니까. 그런데 내가 생각하기 때문에 비로소 존재하는 걸까요? 물론 그렇지 않습니다. 내가 몸이라는 실체로 이렇게 존재하고 있으니 내가 생각하기 때문에 존재한다는 식의 주장은 별로 와닿지 않습니다. 그래서 냉소적인 이들은 "넌 생각하기 때문에 존재한다고? 나는 먹어, 그래서 내가 존재해."라는 식으로 비아냥거리기도 합니다.

이제 이 문장의 의미를 제대로 움켜쥐기 위해서 천천히 데카르트의 길을 따라가 보겠습니다. 여러분은 절대적인 진리를 믿나요. 누구도 부정할 수 없는 확실한 진리가 과연 있을까요. 그런 것은 당연히 없다고 말하는 사람들도 있겠지요. 아니면, 절대적으로 항상 옳은 것이야 당연히 있다고 말하는 사람들도 있을 테고요. 데카르트도 우리와 똑같이 이 질문을 던졌습니다. 확실한 것, 도대체 그런 것이 있나? 이 질문에서 데카르트 철학이 시작됩니다.

데카르트의 이 질문을 이해하려면 17세기 프랑스의 상황을 살펴볼 필요가 있습니다. 유럽 대륙은 오랫동안 기독교가 지배했습니다. 1000년이 넘는 세월 동안 기독교는 개인과 사회와 국가가 던지는 모든 질문에 권위 있는 답을 내리는 유일한 권력이었습니다. 모든 답은 교회에 있었지요.

그런데 갑자기 데카르트가 "확실한 진리, 그런 게 있을까?"라는 질문을 던졌습니다. 기독교의 가르침을 확실한 진리로 인정하지 않겠다는, 매우 야심 차고 용기 있는 도전입니다. 확실한 게 있는가? 이는 생각보다 반역적이고 혁명적인 질문인 셈입니다. 이런 예를 들어도 좋겠습니다. 17세기 조선, 한양의 어느 유생이 사서삼경을 읽다가 갑자기 책을 덮고 "도대체 세상에 확실한 게 있는가?"라고 묻습니다. 사실 좀 곤란한 질문이죠. 성리학은 태극, 이理와 기氣의 이론을 필두로 하여 인간의 본성에 대한 상세한 이론에 이르기까지 매우 정교하고 보편적이며 형이상학적인 체계를 가진 철학입니다. 서양의 기독교가 그랬던 것처럼 자연과 인간과 사회에 대한 대부분의 문제에 매우 명확한 입장을 지니고 있었지요. 그런데 성리학이 지배하는 시기에 갑자기 이 절대 진리를 의심하다니요. 무모하고 당돌하게만 들립니다. 말하자면 데카르트가 지금 이런 질문을 던지고 있는 것입니다.

자 그럼 데카르트의 생각을 잠깐 따라가 볼까요. 데카르트는 확실한 진리가 있냐고 물은 다음 여러 후보를 차례로 검토합니다. 첫째로 "이 사과는 빨간색이다."와 같은 감각적 판단 명제를 살핍니다. 이는 진리의 확고한 후보일 수 있을까요? 빨간 사과를 앞에 두고 이것이 빨갛다고 이야기합니다. 의심의 여지 없는 사실 아닌가요? 그러나 우리는 모두 잘 알고 있습니다. 이른바 감각적 경험이 항상 믿을 만한 것은 못 된다는 사실을요. 물이 들어 있는 컵에 젓가락을 넣으면 휘어져 보입니다. 그렇다고 젓가락이 물에 들어가면서 갑자기 휘어졌다고는 이야기하지 않습니다. 그러니 감각적 경험, 이것은 확실한 진리의 후보에서 일단 제외합니다.

둘째로 데카르트는 일상의 세계에 있는 존재를 살핍니다.

우리 주변에 여러 사물이 존재한다, 이건 확실한 진리로 간주해도 좋지 않을까요? 그러나 데카르트는 여기서도 망설입니다. 우리가 꿈꿀 때 실제가 아닌 일을 실제로 착각하기도 하니, 사물의 존재도 일단은 절대적으로 확실한 실체로 간주하지는 말자고 말합니다. 우리가 지금 꿈을 꾸고 있는 상태가 아니라고 단언할 수 있는 근거는 없으니까요.

이제 마지막으로 수학적 진리가 있습니다. 데카르트는 '1+1=2'라는 수식도 의심했습니다. 본래 1+1이 2가 아닌데 어떤 못된 신이 이렇게 생각하도록 속였다는 가설을 세운 것입니다. 이처럼 데카르트의 회의는 근본적입니다. 이제 할 수 있는 의심은 다 했고 세상에 절대적으로 확실한 것은 전혀 없는 듯합니다.

그런데 여기서 데카르트는 생각합니다. 모든 것을 의심해도, 이렇게 의심하는 주체가 있다는 사실은 의심할 수 없다. 따라서 이렇게 생각하는 나라는 존재는 부정할 수 없다, 이렇게 생각하는 나의 존재에 대해서는 어떤 의심도 허용할 수 없다고 말합니다. 이것이 "나는 생각한다. 그러므로 나는 존재한다."라는 말의 뜻입니다.

그러니 이 말 자체가 논리적으로 혹은 사실적으로 성립하느냐 여부는 어쩌면 그리 중요하지 않을지도 모릅니다. 문제는 그가 기독교의 가르침을 포함한 모든 진리를 의심하고 회의하려 했으며, 이 과정을 통해 자아의 존재라는 절대적으로 확실한 것을 발견했다는 사실입니다. 즉 "나는 생각한다, 그러므로 나는 존재한다."라는 말의 가치는 모든 것을 회의하는 그의 용기에서 찾을 수 있습니다. 그는 모든 것을 회의하고 유보하고 괄호 치고 의심했던 용기와 모험의 철학자였습니다. 왜 그랬을까요? 그런 과정을 거쳐야 비로소 진정 확실한 것이 밝은 빛을 내기 때문입니다.

그러니까 데카르트처럼 생각한다는 것은 이전의 전통을 과감하게 의심한다는 뜻입니다. 또 한편 생각하는 힘으로 새롭게 자신만의 세계를 만들어 간다는 뜻이기도 합니다. 우리도 그를 따라 생각해 봅시다. 그래서 이전의 낡은 세계를 부수고 새로운 세계를 꿈꾸어 보는 거죠. 우리는 모두 데카르트처럼 생각의 힘을 믿는 사람들입니다. 우리는 철학을 공부합니다. 우리는 생각합니다. 그러므로 우리는 존재합니다.

"학교가 아니라 인생을 위해서 배워라"

우리는 왜 철학을 배우는 걸까요? 철학을 배워서 무엇에 쓰려는 것일까요? 사람마다 생각이 다를 터여서, 철학을 배우는 사람 수만큼이나 대답 역시 다양하리라 생각합니다. 한데 이토록 많은 대답 중에서 전통적으로 가장 많은 지지를 받은 것이 있습니다. 바로 "어떻게 살 것인가?"라는 질문의 답을 구하기 위해 철학을 배운다는 것입니다.

인생의 중요한 고비마다 우리는 "어떻게 살 것인가?"라는 질문 앞에 홀로 마주 서게 됩니다. 바쁘다 혹은 더 중요한 일이 있다는 이유로 이 질문을 외면하거나 피하기도 하지만, 자신의 삶을 의미 있게 이어 가려는 사람이라면 누구도 이 질문에서 도망칠 수 없습니다.

"어떻게 살 것인가?" 참 간단치 않은 질문입니다. 쉽게 대답할 수 없죠. 무엇보다 이 질문의 성격이 매우 독특하기 때문입니다.

첫째로 짚어야 할 문제는, 이 질문에 대한 다른 이의 대답이 나에게도 맞는 답이 되기는 어렵다는 점입니다. 우리는 다른 이들이 내린 답이 궁금해서 책을 읽고 수업을 듣고 강연을 듣고 열심히 생각해 보기도 합니다. 하지만 그들의 답을 내 인생에 직접 적용하는 일은 참으로 드뭅니다. 왜냐고요? 간단합니다. 나는 그와는 다른 사람이기 때문입니다.

누구에게나 자신만의 답이 있는 법입니다. 모든 사람에게 예외 없이 적용되는 삶의 방식과 지혜가 있다면 세상의 저 많은 문학과 철학 작품들은 진작에 불쏘시개가 되었을지도 모를 일입니다. 누구나 자신만의 삶을 살고 자신만의 질문을 던집니다.

둘째로 알아야 할 문제는, 내가 어떤 답을 얻었다 해서 그것이 최종적인 답으로 계속 머물러 있을 수 없다는 것입니다. 내가 "한라산 높이가 얼마나 되지?"라는 질문을 던진 후에 해발 1,950미터라는 답을 구했다고 칩시다. 천재지변이 일어나지 않는 한, 이 답은 달라지지 않습니다. 그래서 내가 한라산의 높이가 1,950미터라는 답이 과연 맞는지 시시때때로 의심하고 회의한다면, 이는 매우 비합리적인 태도일 것입니다.

그러나 "어떻게 살 것인가?"라는 질문에 대한 답은 이와 다릅니다. 내가 오늘 책을 읽거나 강연을 듣거나 골똘히 생각하면서 답을 얻었다 해서, 이 답이 평생 요지부동, 확고하리라 생각한다면 큰 오산이겠죠. 이 질문에 대한 나의 답은 항상 흔들립니다. 짓고 무너지고 또 짓고 무너지죠.

결국 "어떻게 살 것인가?"라는 질문에 올바로 접근하려면 두 가지 일을 해야 합니다. 우선 다른 사람의 생각을 부지런히 참조하되 끝내 나만의 답을 만들어야 합니다. 둘째, 나의 답을 계속 보완하고 수정하고 검토해야 합니다.

바로 이 대목에서 로마 철학자 루키우스 세네카를 기억하는 것이 좋겠습니다. 로마 제국의 정신적 가치를 대변했던 스토아 철학의 대표자 중 한 사람입니다. 폭군 네로의 교사이기도 했으나 그에 의해 죽음을 맞은 비극의 주인공이기도 합니다. 세네카는 다음과 같이 말한 바 있습니다.

"어떻게 살아야 하는지, 우리는 온 삶을 바쳐서 배워야 한다."

어느 한순간의 깨달음으로 모든 문제를 해결할 수는 없습니다. 우리의 배움은 평생 이어지며 이는 결국 어떻게 살 것인가, 라는 질문에 대한 나만의 대답을 찾는 과정입니다. 그런데 여기서 돌아봅니다. 우리의 배움은 진정 그러한지요. 우리는 평생 배우겠다 마음먹고 있는지요. 우리의 배움은 온 삶을 바쳐야 하는 것이니 온 생애에 걸쳐 실행해야 한다는 사실을 마음 깊이 간직하고 있는지요.

말년에 세네카는 저술에 몰두하면서 친구인 루킬리우스에게 편지를 많이 썼는데, 다음과 같이 말한 바 있습니다. "정신적 탁월함을 성취하기 위해서 학문적인 연구를 아주 많이 해야 할 필요는 없습니다. 그런데도 우리는 정말 사소한 물건들을 낭비하는 것처럼, 철학 자체를 낭비하고 있습니다. …… 우리는 인생을 위해서가 아니라 학교를 위해서 배우고 있습니다."

얼핏 사람들이 철학 공부를 너무 많이 한다는 불평으로 보입니다. 그러나 세네카가 비판의 화살을 겨누고 있는 것은 공부의 양이 아니라 목표입니다. 배움은 학교가 아닌 인생을 위해서 실행해야 합니다. 왜냐하면 우리 삶이 그런 배움을 요구하기 때문입니다.

라틴어로 "논 스콜라에, 세드 비타에non scholae, sed vitae"라는 말이 있습니다. "학교가 아니라 인생을 위해서"라는 의미입니다. 우리의 모든 배움은 결국 "어떻게 살 것인가?"라는 질문에 대한 나만의 답을 찾기 위한 것입니다. 우리의 배움은 우리 삶에 대한 성찰로 돌아와야 합니다. 삶을 향하지 않는 공부는 공부가 아닙니다. 배움을 통해 나의 삶이 풍부해지고, 나의 삶을 통해 나의 배움 역시 풍부해집니다. 우리의 공부는 삶과 함께 나아갑니다.

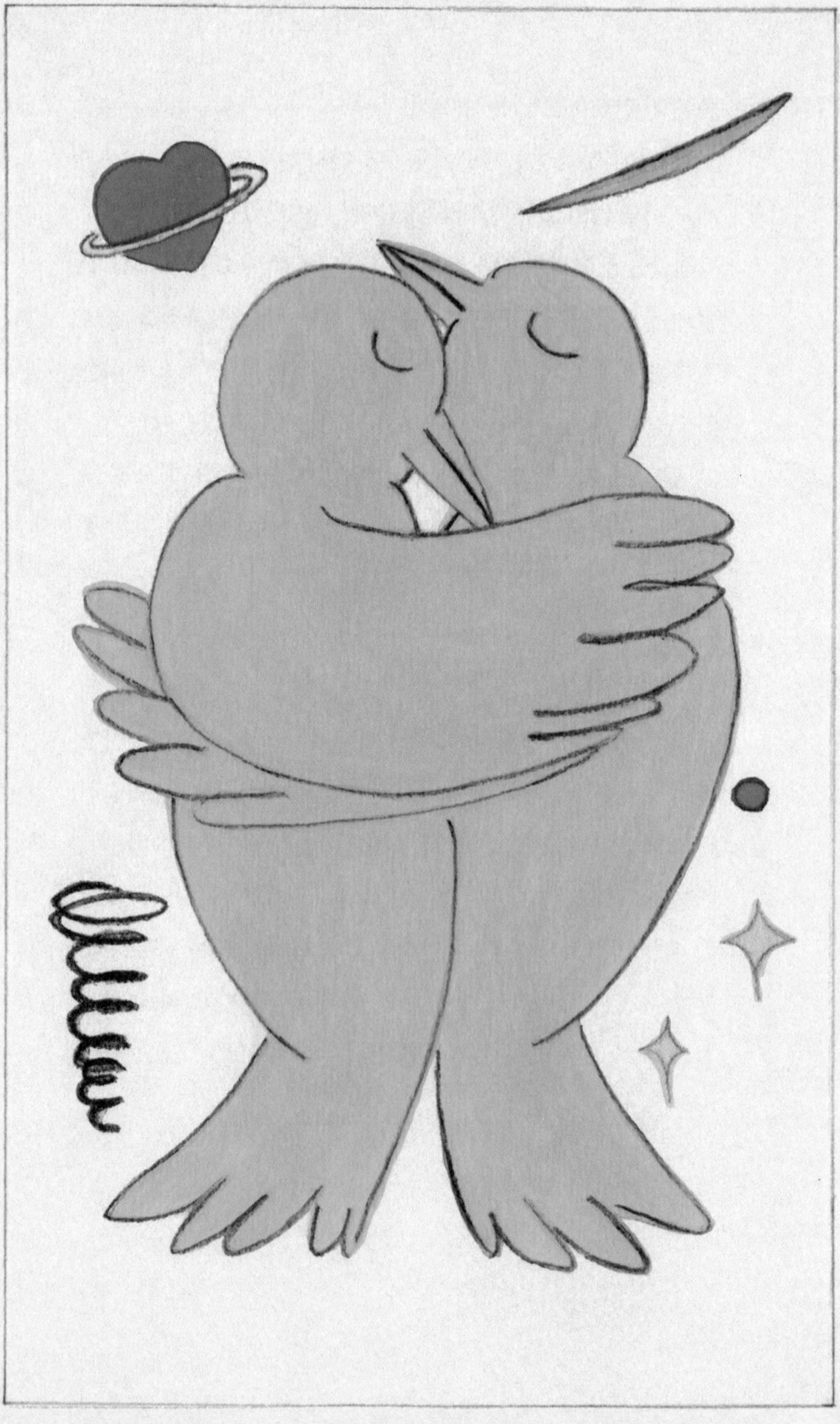

Part 3

우리는 어떤 존재인가를 묻는 한마디

"너 자신을 알라"

아! 테스 형 세상이 왜 이래 왜 이렇게 힘들어
아! 테스 형 소크라테스 형 사랑은 또 왜 이래
너 자신을 알라며 툭 내뱉고 간 말을
내가 어찌 알겠소 모르겠소 테스 형

가수 나훈아 씨의 노래 〈테스 형!〉 가사의 일부입니다. 철학자를 친한 형처럼 부르는 독특한 가사로 젊은 층에서도 화제가 되어 SNS에서 패러디 되는 등 다양한 형식으로 복제되기도 했지요. 잘 아시다시피 '테스 형'인 철학자 소크라테스의 가장 유명한 격언은 "너 자신을 알라."입니다. 고대 그리스어로는 "그노티 세아우톤Gnothi seauton."이라고 합니다. 사실 너무도 유명하지만 그만큼 오해를 사는 문장이기도 합니다.

우선 이 문장의 출처를 생각해 보아야 합니다. 소크라테스의 철학을 상징하기는 하지만, 소크라테스가 처음 한 말은 아닙니다. 고대 그리스 델포이의 신전 입구에 새겨져 있던 말이지요.

델포이는 아테네에서 북서쪽으로 약 150킬로미터 떨어진 곳에 자리 잡은 폴리스였습니다. 당시 '세계의 배꼽', 그러니까 세계의 중심에 자리 잡은 성소로 여겨졌지요. "너 자신을 알라."라는 말이 델포이 신전에 새겨져 있었다는 것은 이 말에 고대 그리스인들의 정신을 지배한 가치 중의 하나가 담겨 있다는 뜻일 것입니다. 그리고 소크라테스는 바로 이 말을 자신의 철학의 중심으로 삼았습니다. 소크라테스는 이 말의 의미를 어떻게 해석했을까요?

"너 자신을 알라." 얼핏 자신이 누구인지 잘 아는 것이 중요하다는 말로 들립니다. 그러니까 너는 너 자신의 욕망, 성향, 소질, 비전 등을 잘 헤아릴 필요가 있다는 의미로 말입니다. 소크라테스는 다음과 같이 말합니다.

> "델포이 신전에 적힌 바와 같이, 나는 아직 나 자신도 잘 알지 못하네. 그런데 이렇게 내가 나 자신도 잘 모르면서 다른 사물에 대해 탐구하는 것이 나에겐 좀 우습게 보인단 말일세. 그래서 이제부터 나는 나 자신을 탐구할 생각이네."

그러니까 세상에서 가장 중요한 철학적 주제는 바로 내가 누구인지를 구명하는 것이겠죠. "너 자신을 알라."는 철학의 가장 중요한 주제입니다. 나의 어떤 점을 탐구해야 내가 누구인지 제대로 알 수 있을까요. 요즘 유행하는 MBTI 같은 것을 하면 될까요?

소크라테스는 자기 생각이나 말을 글로 남기지 않았습니다. 우리가 지금 소크라테스의 철학에 관해 이야기할 수 있는 것은 제자 플라톤이 스승의 말을 기록해 두었기 때문입니다.

혹시 소크라테스가 활약했던 기원전 5세기 무렵에는 사람들이 자기 생각을 글로 남기지 않은 걸까 생각해 볼 수 있습니다. 그러나 30여 권에 이르는 어마어마한 양의 대화편을 집필한 플라톤은 소크라테스보다 겨우 40년 후에 태어났다는 사실을 기억하기 바랍니다. 소크라테스는 매우 의식적으로, 말하자면 매우 의도적으로 글을 남기지 않았다고 보아야 합니다.

왜 그랬을까요? 왜 아테네를 뒤흔들었던 대철학자가 자기 생각을 기록으로 남기지 않은 걸까요? 이에 대해서는 여러 해석이 가능합니다. 가장 자연스러운 해석은 그가 문자를 불신했다고 보는 것이겠죠. 소크라테스는 글을 믿지 않았습니다. 왜일까요? 소크라테스는 인간이 절대적인 진리를 소유할 수 없다고 보았기 때문입니다. 인간은 다만 겸손히 진리를 따라가고 진리를 추구할 뿐입니다.

그런데 글은 어떻습니까? 자신이 알고 있는 진리를 남에게 설명하는 형식을 띠고 있습니다. 그래서 소크라테스는 글쓰기를 거부하고 거리로 나갔습니다. 그리고 사람들과 질문을 주고받으면서 진리의 길로 함께 나아가려 했습니다. 가르치는 사람과 배우는 사람이 따로 있지 않습니다. 모두 함께 머리를 맞대고 지혜를 모아야 합니다. 왜냐하면 우리는 신이 아니기 때문입니다. 오직 신만이 진리를 소유합니다. 인간은 다만 진리를 어렴풋이 감득하여 뒤좇을 뿐이죠.

"너 자신을 알라."에는 이런 소크라테스 철학의 핵심이 담겨 있습니다. 우리가 유한한 존재이고 절대적 진리를 소유할 수도 신이 될 수도 없는 운명을 타고났다는 점을 한시도 잊어서는 안 된다는 뜻입니다.

소크라테스의 이 말은 자신에 대한 매우 준엄한 심판의 말로, 자신을 채찍질하는 말로 여겨질지도 모르겠습니다. 그러나 사실은 따뜻한 위로와 돌봄의 말이기도 합니다. 소크라테스가 "너 자신을 알라."라고 항상 외친 이유는, 결국 인생의 주인공은 자기 자신이며, 따라서 인생의 최고 과제는 항상 자신을 돌보는 일이라고 생각했기 때문입니다.

자신을 돌보는 일은 철학의 궁극적 목적, 어찌 보면 인생의 마지막 목적입니다. 우리가 철학 하는 이유는 자기를 돌아보고 자기를 돌보기 위함입니다. "너 자신을 알라.", 이 말은 우리의 유한성을 지적하는 뼈아픈 충고이고, 우리가 타인과 함께 살아가야 하는 이유를 알려 주는 명쾌한 설명이며, 철학과 삶의 목적을 제시하는 따뜻한 문장이기도 합니다. 이 문장에 우리 삶의 가장 깊은 의미가 들어 있습니다.

"플라토닉 러브"

육체적인 의미가 배제된 이상주의적이고 관념론적인 사랑을 가리켜 "플라토닉 러브"라고 합니다. 즉 플라톤적 사랑이라는 말인데, 이 개념을 본래 플라톤이 만든 것인지, 플라톤이 말한 사랑의 개념은 대체 무엇인지 함께 생각해 보겠습니다.

플라톤은 매우 다양한 주제를 탐구해 많은 글을 남겼습니다. 사랑도 매우 중요한 주제였습니다. 플라톤은 《향연》에서 사랑을 논하고 있습니다. 여기서 탐구한 사랑은 고대 그리스어로 '에로스'입니다.

혹시 이상하다고 생각하셨나요? "플라토닉 러브"는 정신적 사랑을 의미하는데, 에로스는 육체적인 사랑이라는 느낌이 강하니까요.

결론부터 말씀드리면, 여러분의 생각이 맞습니다. 순수하게 정신적인 사랑이라는 관념은 플라톤 철학에 존재하지 않습니다. 물론 고대 그리스어인 에로스는 오늘날 우리가 생각하는 육체적인 사랑만을 의미하지는 않습니다. 오히려 인간이 가지고 있는 강렬한 욕구 전반을 가리킵니다. 하지만 이런 강렬한 욕구인 에로스는 우선 육체적인 성질에서 출발한다고 플라톤은 말합니다. 사랑의 감정은 육체와 분리될 수 없죠.

그런데 플라톤은 여기에서 머무르지 않습니다. 《향연》에서 주장하는 바는, 육체적 차원에만 머무르는 사랑, 육체에 대한 욕망에 머무르는 에로스는 진짜 에로스, 진짜 사랑이 아니라는 것입니다. 참된 사랑, 참된 에로스는 육체에 대한 사랑에서 정신에 대한 사랑으로, 그리고 개체에 대한 사랑에서 보편에 대한 사랑으로 발전해 간다고 말합니다. 즉 플라토닉 러브는 처음에는 한 개인에 대한 육체적 욕구에서 출발하지만 거기에 머무르지 않고 정신적이고 순수한 차원으로 나아갑니다.

플라톤은 육체적 욕망이나 욕구를 멀리하는 금욕주의와는 거리가 먼 철학자입니다. 그렇다면 완전히 순수한 정신적인 사랑으로 통하는 "플라토닉 러브"라는 말은 도대체 언제, 어떻게 생겨난 걸까요?

우선 "플라토닉 러브"는 플라톤이 한 말이 아닙니다. 후대의 학자가 사랑에 대한 플라톤의 생각을 정리하면서 "플라토닉 러브"라는 어구를 만들어 낸 것입니다. 주인공은 15세기 이탈리아 철학자인 마르실리오 피치노입니다. 1433년에 태어나 1499년에 사망한 이탈리아 르네상스 철학의 핵심 인물 중 한 명입니다. 당시 이탈리아 르네상스는 메디치 가문을 빼고는 이야기할 수 없습니다. 코시모 데 메디치는 사실상 피렌체를 통치하면서 다양한 학문과 예술 활동을 후원하고 장려했습니다. 1459년에 메디치는 플라톤 아카데미를 재건하고 젊은 학자 피치노를 수장으로 임명했습니다.

피치노는 고대 그리스어로 쓰인 플라톤의 모든 작품을 처음으로 라틴어로 번역하고 플라톤 저작에 관한 많은 연구 성과를 남겼지요. 피치노는 플라톤이 말하는 에로스의 본질을, 출발점에 해당하는 육체적인 사랑이 아니라 지향점에 해당하는 정신적 사랑으로 보았습니다. 그래서 이 순수한 비육체적 사랑을 "아모르 플라토니쿠스amor platonicus", 그러니까 플라톤적 사랑이라 불렀습니다.

피치노가 이런 해석을 내놓게 된 데에는 자신이 집중적으로 연구했던 신플라톤주의자 플로티노스의 신비주의적 철학이 영향을 미쳤지만, 근본적으로는 중세를 거쳐 강해진 기독교의 영향이 컸다고 할 수 있습니다. 그래서 에로스에 대한 피치노의 해석은 플라톤의 본래 의도와는 다소 달라졌습니다.

플라톤은 이토록 순수하게 관념적인 에로스를 생각한 바 없습니다.

사랑은 참으로 복잡합니다. 몸과 마음, 육체와 정신이 온통 혼란스럽게 개입되어 있지요. 아마도 완전히 순수하게 육체적인 사랑도 완전히 순수하게 정신적인 사랑도 존재하지 않을 것입니다. 왜냐하면 우리 인간이라는 존재가 완전히 육체적이지도 완전히 정신적이지도 않기 때문입니다.

플라톤이 말하는 사랑, 그러니까 원래 의미의 "플라토닉 러브"는 육체를 완전히 떠난 사랑이 아니라, 육체에만 머무르지 않는 사랑을 말합니다. 이는 정신을 사랑하는 데까지 도달한 사랑이지 처음부터 정신에만 집중했던 사랑은 아닙니다. 왜냐하면 우리는 몸과 마음, 육체와 정신으로 이루어진 복잡한 존재이기 때문입니다. 플라톤의 사랑, 플라톤의 에로스, 이는 우리 인간의 사랑이 어디에서 출발해 결국 어디로 향하는지를 보여 줍니다.

“인식은 상기다”

지식 혹은 인식의 성립 조건은 철학의 전통적인 탐구 주제입니다. 철학의 역사를 살펴보면 인식은 무엇으로부터 성립하는지, 어떻게 정당화되는지, 어떻게 성장하는지를 탐구한 기록으로 가득합니다. 그런데 플라톤은 “인식은 상기다.”라고 말했습니다. 여기서 ‘상기想起’는 예전에 있었던 일을 돌이켜 생각한다는 의미입니다.

우리는 보통 지식이나 인식은 세상에 대한 새로운 정보를 얻음으로써 성립한다고 생각합니다. 옛 기억을 다시 불러내는 것을 지식이라 부르지 않죠. 그런데 이 문장 “인식은 상기다.”라는 말은 당당하게 우리의 생각을 부정하고 있습니다. 플라톤은 왜 이토록 대담한 주장을 펼쳤을까요?

"인식은 상기다."라는 주장은 플라톤 철학의 핵심으로, 대화편 여기저기에 인상적으로 등장합니다. 그는 자신의 이론을 뒷받침하기 위해 신화적인 스토리텔링을 시도합니다. 이 이야기에 따르면, 인간의 영혼은 육체와 결합하기 전, 그러니까 인간의 몸으로 이 땅에 태어나기 전에 '이데아'에 대한 지식을 가지고 있었습니다. 이데아, 이 말은 세상의 참모습에 플라톤이 붙인 이름입니다.

그러나 플라톤에 따르면 인간의 영혼이 육체와 결합하려면 '레테'라는 강을 건너야 합니다. 레테는 고대 그리스어로 망각이라는 뜻이지요. 그러니까 이 신화에 따르면, 인간의 영혼은 레테를 건너 이 세상에 태어나게 되는데 이때 애초에 알고 있던 이데아에 대한 참된 지식을 모두 망각하게 됩니다. 즉 우리는 참된 지식을 완전히 망각한 상태로 이 세상에 태어난 것이죠. 이후 부모님이나 교사의 도움으로 학습 과정을 밟게 되는데, 이때 후천적인 학습은 우리 영혼에 새로운 지식을 넣어 주는 것이 아니라 영혼이 본래 알고 있었으나 레테강을 건너면서 잠시 잊었던 것을 다시 깨우쳐 줄 뿐입니다. 그런 의미에서 플라톤은 "인식은 상기다."라고 이야기하는 것입니다.

자, 여기까지가 플라톤의 이야기입니다. 어떻게 생각하나요? 의미 없는 옛이야기일 뿐이라고요? 그렇지 않습니다. 여기서 잠시 멈추고 플라톤이 이런 신화적인 설명으로 전달하려 한 바가 무엇인지 생각해 봅시다. 플라톤 철학에서 "인식은 상기다."라는 주제는 매우 방대한 영역에 걸쳐 있지만 저는 이를 인간의 본성과 연결해서 설명하려 합니다.

인간이란 무엇인가. 인간이란 어떤 존재인가. 우리는 이에 대한 수많은 이론을 알고 있습니다. 이는 크게 보면 다음 세 가지로 나눌 수 있습니다.

첫째로 인간의 정신을 백지로 보는 입장입니다. 태어날 때 인간 정신에는 아무것도 적혀 있지 않습니다. 그러니까 후천적인 경험이 인간 정신의 내용을 완전히 규정하지요.

둘째로는 인간의 본성을 진흙 같은 것으로 여기는 입장입니다. 후천적인 교육은 이 재료에 형태를 부여하는 역할을 합니다. 첫째 입장과는 달리 본성적인 내용이 전혀 없다고 보지는 않습니다. 왜냐하면 재료가 흙인지 물인지 반죽인지에 따라 후천적인 교육이 수행하는 역할이 다를 테니까요.

셋째로 인간의 본성을 이를테면 씨앗으로 보는 입장입니다. 씨앗은 어떻게 자라나요? 농부가 하는 일은 무엇입니까? 농부는 물을 주고 식물을 가꿀 뿐, 근본 요소들을 씨앗에 집어넣지는 않습니다. 저는 이 점이 중요하다고 생각합니다. 나무가 갖추게 될 모습은 이미 씨앗 안에 모두 들어 있습니다.

플라톤은 "인식은 상기다."라는 말로 셋째 입장을 지지합니다. 모든 인간은 자기 안에 나무의 씨앗 같은 가능성을 이미 지니고 있습니다. 교사와 부모는 학생 혹은 자녀를 격려하며 그들이 자신의 가능성을 잘 구현할 수 있도록 도울 뿐입니다. 마치 농부처럼요.

어떻습니까? "인식은 상기다."라는 플라톤의 주장이 처음에는 좀 엉뚱하게 들렸지만, 곰곰이 따져보면 아주 설득력 있는 견해라는 생각이 들지 않나요? "인식은 상기다."라는 말은 인간 본성에 대한 무한한 신뢰를 담고 있는 주장입니다. 우리는 백지로 태어나지 않습니다. 어마어마한 가능성을 지니고 태어납니다. 여러분의 정신에는 아름다운 가능성이 모두 들어 있습니다. 이제 그것을 잘 기억해 내고 꺼내서 발전시키기만 하면 됩니다. '인식은 상기'입니다.

"실존은 본질에 앞선다"

이 말의 주인공은 프랑스 철학자 장 폴 사르트르입니다. 1905년 파리에서 태어나 1980년 사망한 현대 프랑스 철학의 대표자 중 하나입니다.

"실존은 본질에 앞선다." 이는 그가 40대 초반이던 1946년에 출판한 《실존주의는 휴머니즘이다》라는 책에서 처음으로 정식화한 개념입니다. 이내 사르트르의 사상뿐만 아니라 실존주의 철학 전체를 대변하는 말로 급속히 퍼져 나갔지요. 실존주의 철학을 한마디로 정리한 이 말, 유명하기는 하지만 사실 뜻이 좀 분명치 않습니다. 실존은 뭐고 본질은 뭐기에, 실존이 본질에 앞선다고 했을까요.

먼저 질문을 하나 던지겠습니다. 인간은 어떤 존재인가요?

질문이 좀 막연하게 느껴지나요? 그러면 익히 알려진 답 하나를 예로 들겠습니다. 이 질문에 대한 서양 철학의 오래된 답변 중 하나는 '인간은 이성적 존재'라는 것입니다. 생각해 보면 이 답의 설득력은 참으로 강력합니다. 인간이 어떤 존재인가라는 질문은, 다른 동물들과 어떻게 다른지를 묻는 것인데, 인간의 신체적 특징을 아무리 떠올려 보아도 고유한 속성이 잘 떠오르지 않습니다.

물론 두 발로 직립 보행을 하는 동물이라고 말할 수도 있지만, 핵심을 찌르는 적합한 답이라고 생각하기는 어렵습니다. 그런데 인간이 생각한다, 그것도 고도의 지적 능력을 보유하고 있다는 점은 오로지 인간만이 지닌 특징으로 보입니다. 인간은 지구상에서 유일하게 이성적 사유 능력을 지닌 존재입니다.

인간이 이성적 존재라는 말은 '인간의 본질은 이성에 있다.'라는 말로 바꾸어 쓸 수 있습니다. 이렇듯 인간의 본질이 이성에 있다고 규정하면 분명한 논리적 결론에 이릅니다. 우리에게 가장 중요한 것은 이성이라는 보편 능력이라는 사실입니다. 사람 간의 차이점들은 별로 중요하지 않게 되죠.

본질이라는 말은 어떤 목적과 당위를 표현합니다. 인간의 본질을 이성에서 찾을 수 있다면, 삶의 목적은 정신 능력을 최대한 발휘하는 것입니다. 모든 사람은 이성의 구현이라는 하나의 목표, 하나의 목적을 향해 달려가야 한다는 주장으로 이어집니다.

사르트르는 서구 철학이 이런 보편적인 본질에 집요하게 질문을 던지는 잘못된 길을 걸어왔다고 비판합니다. 이 엄청난 이성주의, 본질주의 전통에 의문을 제기하는 것이죠. 사르트르에 의하면 누구나 따라야 할 보편적인 삶의 목적이란 존재하지 않습니다. 중요한 것은 모든 사람이 일정하게 공유하는 추상적 성질이 아닙니다. '지금, 그리고 여기', 이 말로 대표되는 구체적 상황에서 수행해야 할 구체적 고민이 중요하죠.

사르트르가 말하는 실존이란 그저 이렇게 혹은 저렇게 존재하는 구체적인 양태를 지시합니다. 여기에는 옳은 것도 그른 것도 없고 보편적인 명령이나 지시도 없습니다. 우리가 어떤 존재가 되어야 하는지를 스승이나 신, 국가를 막론하고 누구도 결정해 줄 수 없습니다. 우리 스스로 결단하고 책임져야 하는 일입니다. 그러니 사르트르의 실존주의는 자기 자신을 스스로 만들어 가는 용기와 자유 그리고 책임을 강조합니다.

본질이라는 말이 존재의 추상적 차원을 의미한다면, 실존이라는 말은 존재의 구체적 차원을 의미합니다. "실존은 본질에 앞선다." 그러니까 이 말은 추상적, 보편적 차원보다는 구체적, 개별적 차원에 주목해야 한다는 외침이고, 사르트르는 이 말로 현대 철학의 큰 물줄기 하나를 열었습니다.

본질을 강조하는 사람들이 있고, 실존을 강조하는 사람들이 있습니다. 그래서 사르트르가 일으킨 실존주의를 두고 너무 개별적인 상황과 개인의 결단만 강조한다고 비판하는 견해도 강합니다. 여러분은 어떻게 생각하나요? 당위와 이론과 보편성이 중요한 사람들은 본질 편에 서고, 현실과 개성과 개별성이 중요한 사람들은 실존 편에 섰습니다. 본질인가 실존인가. 인간에 대해, 삶에 대해 숙고하는 이들은 이 질문을 결코 피해 갈 수 없어 보입니다.

"타불라 라사"

"타불라 라사tabula rasa"는 아무것도 쓰여 있지 않은 백지상태라는 뜻입니다. 철학뿐 아니라 교육학, 심리학 등에서 매우 중요하게 다루고 사람들 입에 자주 오르내리는 말이기도 합니다.

일단 이 말의 생김새부터 살펴봐야겠습니다. "타불라 라사tabula rasa"는 라틴어입니다. 우선 rasa는 동사 radere에서 나온 단어입니다. radere는 지우다, 없애다라는 뜻이고 라사rasa는 과거분사 형태입니다.

문제는 타불라tabula입니다, 요즘 많이 쓰는 태블릿tablet을 의미합니다. 타불라를 현대의 IT 제품 태블릿과 연결하니 이상하다고 생각할지도 모르겠습니다. 그런데 태블릿은 사실 아주 오래전부터 인류가 사용한 도구입니다. 기원전 8세기경부터 고대 그리스에서 본격적으로 사용했지요. 나무를 액자 형태로 엮고 안에 밀랍을 채워 넣은 뒤 쇠나 나무로 된 뾰족한 도구를 이용해 글을 적었습니다. 그리고 이 글들이 더 이상 필요하지 않게 되면 밀랍을 살짝 긁어내 원래의 백지상태로 되돌렸지요.

이렇게 이전 글을 모두 지워서 완전히 빈 상태가 된 태블릿을 "타불라 라사"라고 불렀습니다. 그러니까 '백지상태' 혹은 '깨끗이 닦아 낸 서판', '빈 서판', 이렇게 말할 수 있습니다.

이 말은 17세기 영국 철학자인 존 로크의 영향을 받아 철학 용어로 사용되기 시작했습니다. 로크는 태어날 때 인간의 정신에는 어떤 정보나 추상적 규칙이 없고, 따라서 지식도 없다고 생각했습니다. 모든 지식은 후천적인 경험으로 형성된다는 것이죠. 이것이 근대 영국을 중심으로 제기된 철학적 경험론입니다.

로크가 "타불라 라사"라는 말을 직접 쓰진 않았지만 경험론의 대표 주자여서 그의 인식론이 당대에 이미 "타불라 라사"로 요약되어 전해졌지요. 로크에 의하면 본래 인간의 정신은 빈 서판, 백지상태인 "타불라 라사"와도 같습니다.

이와 같은 논리로 로크는 인간의 정신을 암실에 비유하기도 합니다. 그는 1690년 저술 《인간지성론》에서 다음과 같이 말합니다.

"나는 감히 가르친다고 주장하지 않는다. 단지 탐구할 뿐이다. 다시 한번 말한다. 외적인 감각과 내적인 감각이야말로 지성에 들어가기 위한 지식의 유일한 통로이다. 내 생각에, 오직 이들만이 빛이 이 암실로 들어갈 수 있는 창이다. 내 생각에 지성은 빛이 완전히 차단된 어두운 방과도 같은데, 여기에는 외부의 유사물 혹은 외부 사물에 대한 관념이 통과할 수 있는 작은 구멍만 나 있을 뿐이다."

인간은 어떤 능력을 가지고 태어나느냐, 이는 매우 오래된 논쟁거리입니다. 흔히 '본성nature이냐, 아니면 양육nurture이냐'로 간명하게 정리합니다. 우선 "타불라 라사"를 주창하는 로크처럼 우리의 모든 능력은 후천적으로 개발된다고 주장하는 이들이 있습니다. 또 다른 편에서는 개인의 선천적인 능력이 사실상 절대적인 역할을 한다고 말하기도 합니다. 인간 본성의 이런 문제는 여전히 논쟁에 휩싸여 있습니다.

우리 시대의 영향력 있는 심리학자 중의 한 사람인 스티븐 핑커는 2002년에 《The Blank Slate》라는 책을 펴냈고, 이는 우리말로 《빈 서판》이라는 제목으로 번역 출간되었습니다. 즉

"타불라 라사"인 것이죠. 이 책에서 핑커는 엄청난 자료와 데이터를 동원해서 모든 인간은 선천적으로 타고나는 일정한 본성을 지니고 있다고 힘 있게 논증합니다.

여러분은 어떻게 생각하나요? 경험론의 대부 로크의 주장처럼 인간은 본래 "타불라 라사" 같은 존재일까요, 아니면 각자 나름의 본성을 지니고 태어나는 존재일까요? 또 우리는 후천적인 노력으로 어느 정도까지 본성을 극복할 수 있을까요? 이 문제를 탐구하는 학문이 바로 철학입니다. 철학과 함께하는 사유의 여행이 유익하고 즐겁기를 바랍니다.

Part 4

'같이'의 가치, '함께'의 힘을 일깨우는 한마디

"만인에 대한 만인의 투쟁"

한 시대는 단 한 사람의 힘으로 열리지 않습니다. 오랫동안 새 시대를 예비하는 이들이 있고, 새 시대를 열기 위해 분투하는 이들이 있으며, 새 시대를 적극적으로 열어 나가는 이들도 있습니다. 유럽의 근대 철학 또한 마찬가지였습니다. 어느 한 사람이 어느 날 어느 도시의 거리에서 깃발을 꽂으며 시작한 운동의 결과가 아니었습니다. 수많은 철학자와 작가, 학자들이 중세를 끝내고 새로운 시대를 여는 일에 오랫동안 몰두한 결과였지요.

그중에서 우리는 토머스 홉스를 반드시 기억해야 합니다. 그는 많은 저서를 남겼는데 이중 《시민론》과 《리바이어던》이 가장 유명합니다. 이 책들에는 홉스의 가장 큰 철학적 공헌이라 할 수 있는 '사회 계약설'이 담겨 있죠. 오늘날에도 강력한 지지자들을 거느린 사회 계약설은 홉스에 의해 처음으로 체계적인 이론 형태를 띠고 철학사에 등장했습니다. 이후 로크와 장자크 루소를 통해 발전하고 진화를 거듭했습니다.

사회 계약설, 이 개념의 핵심은 무엇인가요? 말 그대로 사회가 구성원들 사이의 계약을 통해 형성되었다는 것입니다. 우리가 언제 계약서에 서명했냐고요? 그럼, 저와 함께 홉스의 생각을 천천히 따라가 보겠습니다.

홉스는 인류가 사회를 형성하기 이전, 그러니까 '자연 상태'라고 부를 수 있는 환경을 생각해 보자고 제안합니다. 홉스가 보는 인간은 욕망과 정념으로 가득한 존재입니다. 인간은 자신의 욕망을 실현하려 하는데 이 과정에서 타인과 충돌할 수밖에 없습니다. 타인들도 각자 욕망을 실현하기 위해 움직일 테니까요. 그러니 외적 제약이 전혀 없다면 욕망을 충족하기 위해 서로가 서로를 살해하는 무시무시한 전쟁만 계속될 것입니다.

그래서 이런 상태에 처해 있는 인간에 대해서 홉스는 "인간은 인간에게 늑대이다."라고 말합니다. 이는 본래 로마의 희극 작가 티투스 마치우스 플라우투스가 한 말입니다. 〈아시나리아〉라는 작품에서 플라우투스는 다음과 같이 적었습니다. "인간은, 그가 누구인지 알지 못하는 낯선 이에게는, 인간이 아니라 늑대이다." 이로부터 약 1700년 뒤에 에라스뮈스가 이 말을 《격언집》에 수록한 것을 보면 플라우투스 시대 이후에 여러 사람의 입에 꽤 오르내린 듯합니다. 그리고 홉스는 이 문장을 인간의 자연 상태 그러니까 사회 계약 이전 상태를 묘사하는 데 사용했습니다. 낯선 이, 그러니까 계약과 합의에 바탕을 둔 공동체 밖에 있는 인간에게 인간은 서로 늑대일 뿐입니다. 세상에는 죽음의 공포만이 가득합니다.

사회가 성립되기 이전의 이 잔인한 자연 상태를 묘사하는 용어가 바로 "만인萬人에 대한 만인萬人의 투쟁"입니다. 홉스가 1642년에 라틴어로 출간한 《시민론》에 처음 등장하는데, 여기에는 "bellum omnium contra omnes"라고 쓰여 있습니다. 그로부터 약 10년 후에 출간된 《리바이어던》은 영어로 저술되었는데, 여기에는 "the war of all against all"이라고 적혀 있습니다.

그러면 이처럼 공포로 가득한 상태에서 인간은 어떤 해결책을 찾았을까요? 목숨을 건 투쟁의 당사자들은 평화로운 관계를 수립하기 위해서 고심합니다. 모든 사람이 예외 없이 죽음의 공포 앞에 놓인 상황, 누구도 이를 원하지는 않습니다. 이 비극적 상태에서 벗어나기 위해 사람들은 각자 소유한 본래적 권리의 일부를 양도해서 국가라는 우월한 지배 권력을 만들어 냅니다. 그리고 개인의 이해 충돌을 조정할 수 있는 최종적이고 절대적인 권한을 이 국가에 부여하죠. 여기서 사회와 국가가 탄생했습니다.

개인은 자신의 주요 권리를 국가에 양도함으로써 범죄에 대한 사적 제재는 포기하고 해당 권한을 국가에 위임합니다. 따라서 권력은 본래 시민을 보호해야 하며 시민은 자신들이 양도한 권력이 올바르게 행사되지 않을 때 이를 회수할 수 있습니다. 홉스는 이렇듯 사회의 성립과 유지의 근거를 자기 권리를 공적 주체에 양도한 시민들 사이의 계약에서 찾습니다.

이렇게 보면 홉스가 보는 "만인에 대한 만인의 투쟁"은, 비관적인 진단이 아니라, 오히려 인간 사회의 구성 원리에 대한 낙관적인 진단입니다. 홉스의 생각에 따르면, 인간의 위대함은 "만인에 대한 만인의 투쟁" 상태에 머무르지 않고 그것을 이겨 낼 수 있는 사회라는 공동체의 조직 원리를 발견해 내고 이를 통해 굳건한 문명 세계를 건설한 데 있습니다. 그래서 홉스는 《시민론》에서 인간은 서로에 대해서 늑대이지만 동시에 신과 같은 존재이기도 하다고 말합니다.

인간의 본성은, 본질은 어디에 놓여 있을까요? 만인에 대한 만인의 투쟁, 여기에 있을까요? 아니면 이를 이겨 내는 약속과 사회와 문명의 힘에 있을까요? 홉스의 사회 계약설, 이것은 이기심과 폭력성을 안고 있는 자신을 극복할 수 있는 인간의 가능성을 믿고 사회의 가능성을 믿는 밝고 낙관적인 이론입니다. "만인에 대한 만인의 투쟁", 이는 싸움의 현장이 아니라 화해의 법정을 가리키는 말입니다.

“친구는
또 다른 자기 자신이다”

가끔 난감한 부탁을 받게 됩니다. 특정 분야에서 가장 중요한 책 몇 권을 골라 달라는 요청이지요. 책을 저술한 이들의 땀과 고통이 배어 있고 수많은 연구자들의 비판과 옹호가 층층이 쌓여 있는 저 엄청난 책의 역사 앞에서 아무리 특정 분야라고는 하지만 책 몇 권을 고르는 일은 매번 어렵고도 고통스러운 일입니다.

그런데 만일 서구 도덕 철학의 역사에서 가장 중요한 책 한 권을 골라야 한다고 말한다면, 이 과제는 저에게 어렵지 않습니다. 주저 없이 아리스토텔레스의 《니코마코스 윤리학》을 집어 들 것입니다. 이 책에는 너무도 풍부한 윤리적 성찰이 담겨 있을 뿐 아니라, 이후 윤리학의 역사에서 이만큼 무게 있는 영향력을 발휘한 책은 없기 때문입니다.

이 책의 근본 주제는 인간의 행복입니다. 아리스토텔레스는 전반부에서 행복을 길게 논의한 뒤, 후반부에서 친구와 우정을 주제로 철학적 탐구를 이어 갑니다. 이유는 분명합니다. 진정한 친구의 존재는 인간 행복에 매우 중요한 요소이기 때문입니다. 친구 하나 없는 삶을 행복하다고 말하기는 어렵겠지요. 그렇다면 친구는 과연 어떤 사람이고, 우정은 어떤 태도를 말하는 걸까요? 이 질문에 대한 해답을 얻으면 우리는 행복의 비밀에 한 걸음 더 가까이 다가가게 되는 셈입니다.

아리스토텔레스는 《니코마코스 윤리학》에서 우정과 친구에 대해서 간명하게 정리합니다. "친구는 또 다른 자기 자신이다." 일반적으로는 친구의 소중함을 강조하는 문장으로 알려져 있습니다. 친구가 단순한 타인이 아니라 자신의 분신과도 같은 존재라고 하니, 아리스토텔레스가 친구의 중요성을 얼마나 강조했는지 알 수 있습니다. 그러나 아리스토텔레스는 이 말에 이보다 훨씬 심오하고 소중한 의미를 담았습니다. 잠깐 그의 생각을 같이 따라가 보겠습니다.

아리스토텔레스는 세 종류의 우정, 그러니까 세 종류의 친구가 있다고 말합니다.

첫째로는 이익 때문에 유지되는 친구 관계가 있습니다. 서로가 서로에게 유익함을 주고받으면서 유지되는 우정이죠. 물론 이 관계를 꼭 나쁘게 볼 필요는 없습니다. 친구끼리 어떤 형태로든 도움을 주고받는 것은 지극히 정상적이고 상식적이기까지 하니까요.

둘째로는 즐거움 때문에 유지되는 관계가 있습니다. 아리스토텔레스는 구체적인 도움이나 이득을 주고받지는 않지만, 즐거움 때문에 유지되는 친구 관계, 그러니까 만나면 항상 즐거운 관계가 있다고 말합니다. 여러분도 만나면 즐거운 친구들이 있으리라 생각합니다. 특별히 도움을 주고받지는 않지만, 같이 만나 소박한 음식과 함께 지난 이야기를 나누는 일만으로도 참으로 즐거운, 그런 친구 말입니다.

그러면 아리스토텔레스가 말하는 셋째 우정은 어떤 관계일까요? 그는 훌륭함 혹은 탁월함 때문에 만나는 친구들이 있다고 말합니다. 나 스스로 좋은 사람, 훌륭한 사람이 되기를 원하는데, 친구에게서 그런 훌륭함과 탁월함을 발견해 닮고 싶어서 이어 가는 관계입니다. 이런 친구들도 물론 유익함이나 즐거움을 줄 수는 있습니다. 하지만 그것 때문에 친구 관계를 유지하지는 않습니다. 이 셋째 우정은 친구의 훌륭함과 탁월함을 본받고 배우며 친구 역시 이런 이유로 관계를 유지하기를 바라는 순수한 마음에 가닿아 있습니다.

유익함, 즐거움, 그리고 탁월함이 관련된 세 가지 우정 중에서 무엇이 가장 가치 있는 걸까요? 아리스토텔레스는 마지막 우정이 앞의 두 가지보다 더 소중하다고 말합니다. 왜냐하면, 유익함이나 즐거움은 상황에 따라 변하기 때문입니다. 나에게 유익함을 선사했던 친구가 더 이상 유익하지 않게 되면 이 우정은 유지되기 어렵습니다. 또 만나면 즐겁기만 했던 친구도 그렇지 않은 친구로 변할 수 있습니다. 그에 비해 탁월함 혹은 훌륭함 때문에 유지되는 친구 관계는 나 스스로 탁월한 사람, 훌륭한 사람이 되기를 원하는 한, 계속 굳건하게 유지될 수 있습니다.

바로 여기에 "친구는 또 다른 자기 자신이다."라는 문장의 비밀이 담겨 있습니다. 이 말의 의미를 제대로 밝혀내기 위해 이쯤에서 사랑 이야기를 꺼내지 않을 수가 없네요.

여러분은 자신을 사랑하십니까? 질문이 너무 뻔한가요. 그러면 말을 조금 바꾸어 보겠습니다. 여러분은 왜 여러분 자신을 사랑하는지요? 나 아니면 누가 날 진정으로 사랑해 주겠냐고요? 그러니 나라도 나 자신을 사랑해야 하지 않겠냐고요? 물론 맞는 말씀입니다. 그러나 아리스토텔레스의 이야기에도 한번 귀 기울여 보기를 바랍니다.

그는 이렇게 대답합니다. 우리는 우리 자신을 매우 사랑합니다. 왜냐하면 진정한 사랑은 사랑의 대상이 행복하고 훌륭하게 잘 살기를 원하는데, 우리 자신 역시 진정으로 그렇게 살기를 바라기 때문입니다. 내가 이 세상에서 잘 살면 좋겠다고 가장 간절히 바라는 사람, 내가 이 세상에서 누구보다 행복하게 살면 좋겠다고 절실히 생각하는 사람은 다름 아닌 나 자신입니다. 그러니 이 세상에서 나를 가장 사랑하는 존재는 나라고 할 수 있습니다. 최고의 사랑은 나에 대한 사랑입니다.

진정한 친구에 대해 우리는 나에 대한 사랑과 똑같은 사랑을 품어야 합니다. 친구가 행복하게 살고 훌륭하게 살기를 진정으로 바라야 하는 것입니다. 결국 나 자신에 대한 사랑과 친구에 대한 사랑은 사실 같은 종류입니다. 그래서 아리스토텔레스는 "친구는 또 다른 자기 자신이다."라고 말한 것이죠.

여러분은 어떤 친구를 두셨습니까? 또 어떤 친구를 원하십니까? "친구는 또 다른 자기 자신이다." 훌륭한 사람은 훌륭한 친구를 만나고 행복한 사람은 행복한 친구를 만납니다. 친구는 나를 닮았습니다. 훌륭한 친구를 두려면 내가 먼저 훌륭해져야 합니다.

"정의는 강자의 이익이다"

기원전 5세기 그리스에서 활약했던 소피스트 철학자 트라시마코스가 한 말입니다. 이 말은 플라톤이 《국가》에서 본격적으로 인용하고 트라시마코스와 철학적으로 대결함으로써 일약 유명해졌습니다. 그래서 오늘날까지 정의에 관한 철학적 논의에서 빠지지 않는 고전적인 주장이 되었지요. 트라시마코스의 이 주장은 오래되었지만, 오늘날에도 다양한 의미로 사용되고 있습니다. 정말, 정의는 강자의 이익일 뿐일까요?

근본적인 물음을 하나 던지면서 우리의 논의를 시작하죠. 윤리적인 것, 도덕적인 것은 무엇일까요? 우리가 사람의 어떤 행동 혹은 품성을 두고 '윤리적이다', '도덕적이다'라고 말할 때, 과연 어떤 점을 정확히 지시하고 있는 것일까요. 이에 대해서 여러 대답이 있을 수 있습니다. 이처럼 다양한 견해 가운데 우리가 쉽게 동의할 수 있는 최소한의 합의점은 이렇게 요약할 수 있습니다. 도덕 혹은 윤리란 '타인을 이롭게 하는 것'이다.

다른 사람을 이롭게 할 때, 우리는 그것을 도덕적 행동이라 말합니다. 자기 주머니에서 돈을 꺼내 빵을 사서 먹는 일을 도덕적 행위라고 보지는 않습니다. 그러나 빵을 사서 집으로 가다가 길에 앉아 있는 노숙자에게 건네는 일은 도덕적 행위라고 생각합니다. 이유는 분명하죠. 이 행동이 낳는 이득이 행위자 자신이 아닌 타인에게 가기 때문입니다.

타인에게 이로운 것, 타인에게 도움이 되는 것, 타인에게 좋은 것, 바로 이런 것들이 도덕과 윤리에 대한 가장 쉽고도 기본적인 규정입니다. 이 기준에서 보면, 길에서 빵을 사 먹는 행위도 어떤 맥락에서는 도덕적 행위로 규정할 수 있습니다. 예를 들어 추운 날 길에서 빵을 파는 할머니를 돕고 싶은 마음이 들어 그냥 덥석 빵을 살 수도 있으니까요.

이제 트라시마코스의 원래 이야기로 돌아가 볼까요. "정의는 강자의 이익이다." 여기서 정의로 번역되는 고대 그리스어는 '디카이오시네dikaiosyne'인데, 우리말의 정의보다 좀 더 넓은 의미가 있습니다. 오늘날 도덕이라는 말과 거의 동의어라고 볼 수 있죠. 요컨대 저 문장은 도덕이란 본래 강한 자들에게 이익이 되는 것이라는 뜻입니다.

우리가 처음에 살펴보았듯이 도덕을 타인에게 이익이 되는 것이라고 이해하면, 트라시마코스의 주장이 가진 힘을 이해할 수 있습니다. 우리 사회에서 권력관계는 엄연히 존재하고 어떤 경우에는 불평등한 방식으로 작용합니다. 어느 사회든 강자와 약자는 존재하기 마련이죠. 그러면 타인에게 이익을 주는 도덕적 행위들은 결국 누구의 이익으로 귀결될까요? 네, 강한 사람들이겠죠. 소위 권력자들입니다.

만약 우리의 사회 구조가 불평등하다면, 우리가 이웃에게 도움을 주려고 한 도덕적 행위도 결국은 강자들의 이익으로 상당 부분 돌아갈 것입니다. 우리가 길거리에서 할머니의 빵을 사도 불평등한 유통망에 의해 다른 이해 당사자의 이익으로 돌아갈 수도 있으니까요. 그래서 한 공동체의 구조가 그리 민주적이지 않다면, 필연적으로 도덕은 약한 이들보다는 강한 이들에게 더욱 큰 이익을 가져다주게 마련입니다. 그래서 트라시마코스는 한 공동체 내에서 강한 이들이 자신들에게 이익이 되는 것을 도덕이라 규정하고 모두에게 이를 강요하기 마련이라고 주장한 것입니다.

여기에서 플라톤이 등장합니다. 플라톤은 트라시마코스보다 약 30년 뒤에 태어났습니다. 플라톤은 이 선배 철학자의 도덕관을 신랄하게 비판했죠. 도덕이 오로지 행위자의 희생만을 의미하고 타인에게만 도움이 된다는 트라시마코스의 주장은 잘못되었다고 말합니다. 도덕은 행위자 자신에게도 큰 즐거움과 만족감과 이익을 준다는 것이죠. 결국 도덕은 타인에게도 그리고 행위자 자신에게도 모두 이득이 된다는 것이 플라톤의 주장입니다.

그렇다면 "정의는 강자의 이익이다."라는 말이 꼭 옳다고 할 수는 없습니다. 우리가 강자이건 약자이건 남을 돕는 행위는 그것 자체로 나에게 즐거움을 안겨 주기 때문입니다. 정의는 강자의 이익일 수도 있지만 본래 의미에서 나에게 이익입니다. 그래서 플라톤은 트라시마코스와는 달리 도덕은 개인 행복의 일부라고 주장하기까지 합니다.

어떻게 생각하나요? 일반적인 경험으로 보건대 우리는 플라톤의 견해에 좀 더 가까운 것 같습니다. 윤리와 도덕의 길은 때로 수고스럽고 힘이 들지만 동시에 비할 데 없는 기쁨과 만족감을 선사합니다. 이 세상 무엇과도 바꿀 수 없는 아름다운 선물입니다. 다시 말해, 도덕은 행복의 일부입니다. 부도덕한 자가 참된 행복을 누릴 수는 없습니다. 도덕적 행위로 즐거움을 얻을 수 있다는 신념이 우리 공동체에 널리 퍼지기를 바랍니다. 도덕적 행위는 괴로운 일이 아니라 기쁜 일입니다.

“공정한 관찰자”

이 말은 18세기 영국의 경제학자 애덤 스미스가 중시한 개념입니다. 철학 강의에 갑자기 경제학자의 이름이 튀어나와 조금 의아할지도 모르겠습니다. 그러나 스미스는 경제학뿐 아니라, 철학에서도 매우 중요한 업적을 남긴 학자입니다.

애덤 스미스라는 이름을 들으면 ‘보이지 않는 손’이라는 저 유명한 개념이 등장하는 《국부론》을 떠올리게 됩니다. 1776년에 펴낸, 스미스의 원숙한 사상이 집약된 기념비적 저서이죠. 하지만 그가 젊은 시절, 그러니까 36세에 펴낸 《도덕감정론》도 그에 못지않게 중요한 저서입니다. 심지어 스미스 자신은 이 《도덕감정론》이 《국부론》보다 훌륭한 저술이라고 생각했습니다. 바로 이 책에서 스미스는 “공정한 관찰자”라는 개념을 도입하여 이론화했습니다.

이렇게 시작해 보면 어떨까요. 우리는 모두 칭찬받기를 원합니다. 예외가 있을 수 없죠. 칭찬은 고래도 춤추게 한다는데, 대체 누가 칭찬을 싫어하겠습니까? 그런데 우리가 칭찬받기를 원한다는 것은 정확히 어떤 뜻일까요? 칭찬받기를 원하는 우리는 정확히 무엇을 바라는 걸까요? 스미스에 따르면, 우리가 정말로 원하는 바는 칭찬 자체가 아니라 칭찬받을 만한 존재가 되는 일입니다.

이처럼 스미스는 칭찬과 칭찬받을 만함을 구별하는데 여러분은 어떻게 생각하십니까? 내가 만일 칭찬을 원한다면 이는 다분히 심리적인 것입니다. 그러니까 요즘 되는 일도 없어서 풀이 죽어 있는데, 누구한테 칭찬 한 번 받으면 기분이 많이 나아질 것 같다고 생각하는 경우입니다.

그러나 스미스에 따르면 칭찬받을 만함을 원하는 것은 좀 다른 이야기입니다. 말하자면 도덕적인 승인이라 할 수 있습니다. 순간의 기분이 아니라 내 존재에 대한 전면적 인정입니다. 나에게 중요한 것은 지금 한순간의 우쭐함 혹은 뿌듯함이 아닙니다. 내가 도덕적인 결함이 없음을, 내가 칭찬받을 만한 도덕적 품성을 소유하고 있음을 다른 사람들이 인정해 주는 것입니다. 모든 사람은 바로 이것을 원합니다.

스미스는 다음과 같이 말합니다.

"인간은 본성적으로 사랑받는 것뿐 아니라 사랑받을 만한 존재가 되기를, 즉 사랑의 자연적이고도 적절한 대상이 되기를 욕망한다. 또한 인간은 본성적으로 미움을 받는 것뿐 아니라 미움받을 만한 존재가 되는 것을, 즉 미움의 자연적이고도 적절한 대상이 되는 것을 두려워한다. 인간은 칭찬이 아니라 칭잔받을 만한 존재가 되기를 욕망한다. 설사 어느 누구에게도 칭찬받고 있지 않더라도, 칭찬의 자연적이고도 적절한 대상이 되기를 욕망하는 것이다."

여기서 더 생각해 보겠습니다. 나를 칭찬받을 만한 사람으로 인정해 주는 다른 사람들이란 도대체 누구인가요? 이를테면 가족이나 친한 친구들은 아마도 나를 칭찬받을 만한 사람으로 쉽게 인정할 수도 있을 것입니다. 나와 정말 가까운 사람들이니까요. 그런데 이건 좀 불만스러운 면이 있습니다. 나와 가까운 사람들이 나를 인정해 주는 거야 고마운 일이지만, 여기에는 이해관계가 걸려 있을 수도 있고 아무 조건 없이 애정을 품고 이렇게 평가해 줄 수도 있으니까요.

따라서 나와 아무런 관련도 없는 사람의 좋은 평가야말로 내 존재에 대한 전면적인 인정으로 받아들일 수 있습니다. 이런 보편적·도덕적 인정은 편파적이지 않은 사람, 그러니까 나를 잘 알지 못하거나 나와 이해관계가 없는 사람이 나를 도덕적으로 승인할 때 가능합니다. 이런 존재를 스미스는 "공정한 관찰자"라고 부릅니다. 어쩌면 '공정한'보다는 '공평무사한'이라는 용어가 더 어울릴 수도 있겠습니다. 스미스는 다음과 같이 말합니다. "우리의 도덕 감정들의 적정성은, 편견 없는 공정한 관찰자가 멀리 떨어져 있고, 관대하고 편파적인 관찰자가 가까이 있을 때 타락하기 쉽다."

이렇게 설명하면 '양심' 같은 단어를 떠올릴 수 있을 것입니다. 그런데 양심이라는 말의 의미를 정확히 규정하기가 쉽지 않습니다. 게다가 양심의 내용을 두고 사람마다 의견이 다를 수 있습니다. 양심이라는 말은 다소 개인적인 성격을 띠고 있기 때문입니다. 스미스의 "공정한 관찰자"라는 개념은 양심의 의미를 사회적이고 관계적인 차원으로 확대한 거라고 생각하면 될 것 같습니다.

스미스에 따르면, 우리는 "공정한 관찰자"가 우리를 지켜보고 있다고 생각하고 행동해야 합니다. 이것이 바로 도덕적인 삶의 길입니다. 그러나 이는 앞에서 말했듯이, 단순한 의무나 명령이 아닙니다. 사람은 그렇게 행동할 때 칭찬받을 만한 존재라는 전인적 인정을 받고 이를 통해 충만하고 행복한 삶을 누릴 수 있습니다. 행복한 삶은 칭찬받을 만한 사람으로 사는 삶입니다. 스미스가 말한 "공정한 관찰자", 그가 결국 우리를 행복의 길로 인도하는 셈입니다.

"인생은 짧고 예술은 길다"

이 말을 역사에 남긴 이는 흔히 '의학의 아버지'라 불리는 고대 그리스 의사 히포크라테스입니다. 그는 기원전 460년에 태어나 의사로 명성을 떨쳤고 370년경에 사망했습니다. 종교에 구속되어 있던 질병 치료를 경험 과학의 영역으로 이끌었고 의학을 독립적 학문으로 자리매김한 인물입니다.

히포크라테스가 남긴 유산은 실로 방대하지만, 우리에게는 이 문장이 무엇보다 강렬하게 남아 있습니다. "인생은 짧고 예술은 길다."

글쎄요, 인간의 삶은 유한하니 예술가의 삶 또한 그리 길지 않을 터인데, 그가 남긴 예술 작품은 오랫동안 살아남아 인류의 정신적 자산이 된다, 이 정도로 해석할 수 있을 것 같은데요. 사실 이 문장에는 이보다 훨씬 심오하고 값진 의미가 담겨 있습니다.

우선 이 말에 덧붙은 오해를 풀며 이야기를 시작하겠습니다. "인생은 짧고 예술은 길다." 이 말에서 '예술'로 번역되는 단어는 영어로는 그냥 art이지만, 본래 라틴어로는 ars였습니다. 고대 그리스어 '테크네techne'를 번역한 말이지요. 테크네는 전문 기술, 더 나아가 전문 지식을 가리키는 말입니다. 이 말에서 태어난 '테크닉technique'이라는 영어 단어보다 훨씬 폭넓은 의미를 지녔습니다.

그러니까 고대 그리스어 테크네가 라틴어 아르스로, 이것이 다시 영어 아트로 옮겨지고, 우리말로는 예술로 번역되면서 본래 의미가 아주 좁아진 것이라고 볼 수 있습니다. 예술은 테크네의 일부일 뿐이죠. 이렇게 보면 의사인 히포크라테스는 "인생은 짧고 의학은 길다.", 정도로 이 말을 사용했을 것입니다. 우리는 이를 "인생은 짧고 배움은 길다."로 새겨도 좋겠습니다.

이제 이 말의 의미가 또렷하게 보입니다. "인생은 짧고 배움은 길다." 그러니까 배움의 길은 너무도 길고 험난한데 우리는 잠시 머물다 갈 뿐이어서 바라 마지않는 배움의 완성에 이르기란 불가능하다, 그만큼 배움이란 끝이 없는 과정이다, 그런 의미를 담고 있습니다. 이 말은 남송 시대 주자의 〈권학문〉의 한 구절인 "소년이로학난성少年易老學難成.", 그러니까 소년은

늙기 쉽고 학문은 이루기 어렵다는 말을 떠올리게 합니다.

그런데 여기서 끝이 아닙니다. 히포크라테스의 원래 텍스트를 보면 해당 문장 뒤에 다음과 같은 내용이 바로 이어집니다.

"기회는 빨리 지나가고, 경험은 불확실하며, 판단은 어렵다."

이 문장은 우리에게 배움이 왜 그토록 어려운지 설명하고 있습니다.

첫째로, 우리가 어렵게 배움의 기회를 얻는다 하더라도 대부분 순식간에 지나갑니다. 학창 시절 배움의 시간은 생각보다 빠르게 흘러갑니다. 어른이 되어서도 책을 읽고 강의를 듣지만 이런 배움의 시간은 다른 일에 밀려 너무 짧아서 아쉽기만 합니다.

둘째로 히포크라테스는 우리의 경험이 불확실하다고 이야기합니다. 우리가 보고 들으며 취합하는 지식과 정보들은 너무 제한돼 있어서 이를 근거로 일을 도모하자면 불안하기만 하죠.

셋째, 판단하는 일은 항상 어렵습니다. 다양한 질병 치료의 현장에서 히포크라테스가 의사로서 겪었을 판단의 어려움은 충분히 짐작하고도 남음이 있습니다. 과연 배움은 참으로 쉽지 않은 일인데, 우리에게 허락된 시간은 부족하기만 합니다. 자, 그러면 어떻게 해야 할까요.

히포크라테스의 텍스트에는 한 문장이 더 추가됩니다. "의사는 스스로 옳다고 믿는 바를 행해야 하지만 다른 한편으로 환자와 조수, 그리고 다른 이들과 협력해야 한다." 여기서 히포크라테스는 중요한 통찰을 던져 줍니다. 전문가는 지식을 바탕으로 자신 있게 직무를 수행해야 하지만, 한편으로 다른 이들과 협업하는 자세를 갖추어야 한다는 것이죠. 그는 여기서 협업의 중요성을 강조하고 있습니다.

그런데 우리가 눈여겨보아야 할 것은 협력을 강조하는 히포크라테스 말의 맥락입니다. 우리가 앞에서 살폈듯이 배움의 길은 참으로 길고 험난합니다. 그런데 우리의 인식 능력은 보잘것없이 허약하기만 하죠. 따라서 주변 사람들과 협력해서 배움과 실천의 길을 완성해 가는 수밖에 없는 것입니다. 협력은 단순한 선택지가 아닙니다. 우리는 오로지 협력을 통해 결점을 보완하고 배움의 길을 조금이나마 단축할 수 있습니다.

전체 문장을 정리해 보겠습니다. "인생은 짧고 배움은 길다. 기회는 빨리 지나가고 경험은 불확실하며 판단은 어렵다. 의사는 스스로 옳다고 믿는 바를 행해야 하지만 다른 한편으로 환자와 조수, 그리고 다른 이들과 협력해야 한다." 삶에 대한 냉철한 철학에서 협력과 협업의 중요성을 끌어내는 히포크라테스, 그가 들려주는 삶의 지혜가 참으로 놀랍기만 합니다.

"몰론 라베"

우리는 흔히 '스파르타식'이라는 말을 합니다. 대개는 몹시 엄격한 교육이나 강한 훈련에 스파르타식이라는 수식어를 붙이지요. 물론 이는 잘못된 용법은 아닙니다. 실제 고대 그리스의 스파르타에서는 그런 방식의 교육이나 훈련이 일반화되어 있었으니까요.

그러나 우리는 도시 국가 스파르타를 잘 모르는 듯합니다. 경쟁자이던 아테네에 대해서는 소크라테스를 비롯한 여러 철학자와 소포클레스 같은 작가, 그리고 페리클레스 같은 정치가에 이르기까지 수많은 천재를 떠올리는데, 이와는 퍽 대조적입니다. 스파르타는 어떤 공동체였을까요?

기원전 5세기의 그리스로 가 보겠습니다. 동방의 대제국이던 페르시아와 그리스 도시 국가 사이에 큰 전쟁이 벌어집니다. 이를 '그리스-페르시아 전쟁' 혹은 간단히 '페르시아 전쟁'이라 부릅니다. 먼저 3만 명가량의 페르시아 대군이 그리스 땅을 공격하지만, 마라톤 일대에서 벌어진 전투에서 대패합니다.

약 10년 후에 페르시아군이 다시 그리스를 침공합니다. 크세르크세스 1세가 직접 대병력을 이끌고 원정길에 오른 것입니다. 이때 페르시아군의 규모는 육군과 해군을 합쳐 20만 명 정도로 추정됩니다. 사실상 전쟁이 시작되기도 전에 이미 승부가 결정 났다고 보아야 합니다. 그리스 반도에는 폴리스라고 불린 작은 도시 국가들이 있을 뿐이었으니까요. 우리가 알고 있는 아테네, 스파르타, 코린토스 등의 폴리스들은 페르시아 제국이 보기에는 두려운 상대라고 할 수 없었습니다.

그리스에 도착한 크세르크세스 1세는 본격적인 전투에 앞서, 당시 스파르타의 지도자 레오니다스에게 무기를 모두 넘기면 살려 주겠다고 말합니다. 어차피 역부족이니 그냥 순순히 항복하라는 뜻이죠. 레오니다스는 "와서 가지고 가라." 하고 받아쳤습니다. 고대 그리스어로는 "몰론 라베Molon labe."입니다.

이후에 어떤 일이 벌어졌는지 우리는 잘 알고 있습니다. 이 이야기는 영화 〈300〉으로 만들어질 정도로 유명하죠. 레오니다스가 이끄는 스파르타의 정예 부대는 다른 그리스 군대와 함께, 엄청난 규모의 페르시아군에 맞서 용감하게 싸우다 모두 전사했습니다. 이것이 테르모필레 전투입니다. 이 전투에서 비록 그리스군이 승리하지는 못했지만, 페르시아군에 심대한 타격을 입혔고, 결국 살라미스 해전을 비롯한 결정적인 전투에서 그리스군이 완승하는 결과를 낳았습니다.

"몰론 라베."는 스파르타인의 단호함과 용맹스러움을 잘 보여 주는 말입니다. 그러나 제가 이 말을 고른 이유는 스파르타 사람의 또 다른 개성을 잘 드러내고 있기 때문입니다. 예로부터 스파르타인은 말을 짧고 간결하게 하기로 유명했습니다. '스파르타'는 건설자인 라케다이몬의 아내 이름을 딴 것이어서, 스파르타인을 라케다이몬인이라고도 부르는데요, 현대 영어에서 '러카닉laconic'이라는 형용사는 꼭 필요한 말만 하는 말수 적은 사람을 가리킵니다.

스파르타인들의 이런 화법은 "몰론 라베." 외에도 다양한 사례에서 찾아볼 수 있습니다. 스파르타의 어머니가 전쟁터로 떠나는 아들에게 방패를 건네면서 "에 탄 에 에피 타스E tan e epi tas."라고 말했는데, 방패를 가지고 살아 돌아오든지, 아니면 장렬히 전사해서 방패 위에 머리만 얹혀 오라는 의미죠. 전장에서 비겁하게 도망치지 말고 목숨을 걸고 용감하게 싸우라는 뜻입니다.

스파르타 사람들의 이런 언어 습관은 오늘날 우리도 충분히 이해할 수 있습니다. 스파르타는 남성적이고 군사적인 문화가 강했습니다. 이런 역사적 맥락에서 스파르타식 교육 또는 스파르타식 훈련이라는 말을 쓰는 것이지요.

또 다른 도시 국가 아테네는 스파르타와는 너무도 대조적이었습니다. 아테네 사람들은 시와 철학을 사랑했고 자신의 마음을 아름다운 문장으로 표현하기 좋아했습니다. 우리가 알고 있는 대부분의 철학자와 작가들은 모두 아테네 시민이었습니다. 혹시 스파르타 출신의 철학자나 작가를 알고 계신지요? 사실 거의 없습니다. 아테네는 길고 아름다운 문장을 사랑했고, 스파르타는 짧고 간결한 문장에 만족했습니다.

문장에 대한 서로 다른 취향은 정치 영역에서도 나타납니다. 긴 문장과 긴 토론을 좋아하는 아테네 사람들은 토론과 합의를 기반으로 하는 민주주의를 발전시켰고, 짧고 단호한 언어를 구사한 스파르타 사람들은 소수에게 권력을 몰아주고 그들의 집행력에 힘을 실어 주는 과두 정치 체제를 유지했습니다.

이처럼 개성이 매우 다른 아테네와 스파르타는 격렬히 경쟁했습니다. 그리스 세계의 패권을 차지하기 위해 무려 30년 동안이나 잔혹한 전쟁을 치르기도 했습니다. 바로 펠로폰네소스 전쟁입니다. 고대 그리스인의 문화적 성취는 상당 부분 아테네와 스파르타의 치열한 경쟁에 힘입었습니다. 매우 다른 개성 사이의 경쟁, 이것은 당시 그리스인들에게 내려진 축복이라고 할 수 있죠.

성장은 경쟁을 통해 달성됩니다. 이는 단순히 힘의 경쟁이 아니라 개성의 경쟁, 차이의 경쟁일 때 진정 생산적인 경쟁이 됩니다. 고대 그리스는 성격이 대조적인 폴리스들의 지속적인 경쟁을 통해 성장했습니다. 스파르타 사람들은 "와서 가지고 가라."라고 짧고 강하게 외쳤고, 아테네 사람들은 광장에 모여 1년 내내 끝없는 토론을 이어 갔습니다. 차이를 온전히 품에 안은 경쟁, 이것이 고대 그리스 번영의 비밀입니다.

Part 5

삶과 죽음 사이, 나의 시간을 현명하게 살아 내기 위한 한마디

“페스티나 렌테”

‘형용 모순’이라는 말이 있습니다. 형용하는 말과 형용을 받는 말이 서로 어긋나고 충돌하는 경우를 말합니다. 이를테면 ‘둥근 사각형’, ‘뾰족한 동그라미’ 같은 말입니다. 당연히 피해야 하는 비논리적 어법이죠.

하지만 이런 어법은 우리의 언어생활을 풍부하게 해 주기도 합니다. 예를 들어 ‘달콤한 슬픔’이라든지 ‘똑똑한 바보’ 같은 말은 모순이지만, 다른 말로는 전달할 수 없는 독특하고도 풍요로운 의미를 담고 있습니다. 그래서 이런 모순된 표현을 즐겨 사용하게 되죠. 이처럼 형용 모순을 담은 말 중에서 유명한 어구 하나를 여러분과 같이 살펴보려 합니다. “천천히 서둘러라.”라는 말입니다.

라틴어 "페스티나 렌테Festina lente."는 로마 황제 아우구스투스(재위 기원전 27~기원후 14)에게서 비롯되었습니다. 역사상 가장 위대한 제국의 하나였던 로마 제국의 긴 역사에서, 다소 무리한 가정이지만, 단 한 사람의 위대한 황제를 꼽으라 한다면 아마 많은 사람이 주저 없이 아우구스투스를 선택할 것입니다. 이 아우구스투스의 좌우명이 바로 "페스티나 렌테.", 즉 "천천히 서둘러라."였습니다.

아우구스투스는 평소 부하들이 지나치게 서두르고 조급하게 일을 처리해서 늘 불만이었습니다. 그래서 일을 속도감 있게 처리하되 이 과정에서 신중에 신중을 기하라는 뜻으로 "천천히 서둘러라."라는 말을 자주 했다고 합니다. 그래서 당시 황제 아우구스투스를 기념해서 만든 금화의 한 면에는 황제의 초상이, 다른 한 면에는 나비와 게가 새겨져 있습니다. 나비는 신속함을, 게는 신중함을 상징합니다.

위대한 황제가 강조한 덕목이니 로마 제국에서 크게 화두가 되었던 모양입니다. 아우구스투스가 사망한 뒤 65년이 지나 황제의 자리에 오른 티투스(재위 79~81)도 "천천히 서둘러라."를 교훈으로 삼았습니다. 재위 기간은 아주 짧았지만 현명한 황제였던 티투스는 "페스티나 렌테."를 늘 마음에 새기고 살았습니다. 그래서 티투스 황제의 지시로 만들어진 주화에는 배의 닻을 돌고래가 감싸고 있는 이미지가 새겨져 있습니다. 배를 고정하는 닻은 신중함과 진중함을, 날렵한 돌고래는 신속함과 속도를 상징합니다.

여기에서 참으로 흥미로운 사건이 펼쳐집니다. 닻과 돌고래가 새겨진 티투스 황제의 이 주화가 약 1500년 뒤 이탈리아의 고전학자이자 출판인이었던 알두스 마누티우스의 손에 들어갑니다. 그는 이 주화를 보자마자 무릎을 탁 쳤습니다. 주화의 이미지를 출판사 로고로 삼고, "페스티나 렌테."를 신조로 삼았지요. 그리고 이 격언과 로고가 널리 알려지게 되었습니다.

마누티우스는 1494년 베네치아에서 알딘 출판사를 설립합니다. 구텐베르크가 인쇄기를 발명한 때가 1450년경이니, 그로부터 채 50년도 지나지 않았을 시기입니다. 그는 고대 그리스어와 라틴어 문헌들에 관심을 가지고 이를 인쇄하여 판매했습니다. 그런데 이 출판물들이 그야말로 대박을 터뜨리게 됩니다. 그래서 알딘 출판사는 유럽의 지성사에서 빼놓을 수 없는 중요한 위치를 차지하게 되지요. 성공의 비결은 무엇일까요?

첫째로, 책을 한 손으로 들 수 있는 작은 판형으로 제작했습니다. 오늘날 A4 용지의 절반 크기입니다. 요즘은 흔히 볼 수 있는 판형인데, 마누티우스가 출판업을 시작하기 전에는 책이 지금의 두 배 정도 컸습니다. 책은 책상에 펼쳐 두고 읽는 물건이었습니다. 마누티우스가 등장한 이후에 비로소 책은 들고 다니면서 읽는 물건으로 바뀌었던 것이죠. 가히 혁명적 변화라고 할 수 있습니다.

둘째로, 새로운 서체를 개발했습니다. 우리에게도 익숙한 이탤릭체가 바로 마누티우스가 개발한 서체입니다. 당시 문서들은 대부분 손으로 옮겨 적은 필사본이었는데, 글자들이 똑바로 서 있지 않고 비스듬한 자세를 취한 모양이었습니다. 그러니까 마누티우스가 개발한 이탤릭체로 쓰인 책을 읽는 독자들은 마치 필사본을 읽는 느낌을 받았죠. 더군다나 이탤릭체는 다른 서체보다 좀 더 많은 글자를 적어 넣을 수 있어서, 그의 출판 지향과도 잘 들어맞았습니다.

마지막으로, 정교한 교정 작업을 거쳐 매우 우수한 텍스트를 출판했습니다. 마누티우스가 성공을 거둔 가장 중요한 비결입니다. 자신이 고전학자이기도 했기 때문에 고전 문헌들을 면밀히 검토했고, 팀을 꾸려 고전을 부지런히 연구하고 이를 출판에 반영했습니다. 그의 출판물들은 곧 전 유럽에서 어마어마한 신뢰를 얻었고, 알딘 출판사의 로고는 신뢰의 상징이 되었지요. 심지어 유럽의 몇몇 출판사들이 돌고래와 닻으로 구성된 로고를 자신들 책에 무작정 새겨 넣기도 했습니다. 1897년에 설립된 미국의 대형 출판사 더블데이Doubleday 역시 비슷한 로고를 채택해 지금도 사용하고 있습니다.

결국 마누티우스가 거둔 성공의 배경에도 "천천히 서둘러라.”라는 교훈이 자리 잡고 있습니다. 고전학자와 출판인, 어쩐지 어울리지 않을 것 같지만, 고대 문헌을 신중히 연구한 끝에 새로운 판형과 서체 개발 같은 시대 흐름에 걸맞은 사업 내용을 구상한 속도감이 성공 비결이 아닐까요? 여러분, 오늘 하루도 “페스티나 렌테!” 천천히 서두르기를 바랍니다.

"카르페 디엠"

흔히 "오늘을 잡아라." 혹은 "오늘을 즐겨라."로 번역하는 말입니다. 이 말이 대중적으로 유명해진 것은 영화 〈죽은 시인의 사회〉 덕입니다. 여기서 열정적인 교사로 열연한 배우 로빈 윌리엄스가 학생들에게 "카르페 디엠!"을 외칩니다. 대개 과거 일을 후회하지 말고 미래를 걱정하지 말라, 오직 현재에 집중하라는 메시지로 해석됩니다.

이 문장 "카르페 디엠Carpe diem."의 저작권은 고대 로마의 시인 퀸투스 호라티우스에게 있습니다. 그는 기원전 1세기 격동의 로마제국에서 활동했는데 〈송가〉라는 연작시에 이 문장이 등장합니다. 이 구절을 한번 살펴볼까요.

지금 우리가 이렇게 말하는 동안에도

세월은 우리를 시기하며 흘러만 가네.

오늘을 잡아라. 미래는 믿지 말고.

호라티우스는 당시에 유행하던 에피쿠로스주의에 상당한 호감을 품고 있었습니다. 아시다시피 에피쿠로스주의는 즐거움, 기쁨, 쾌락을 실천 철학의 제1원리로 삼은 철학 유파였죠. 그래서 이 "카르페 디엠."은 쾌락주의의 대표적인 슬로건으로 알려졌습니다. 물론 쾌락주의 학파가 단순히 순간적인 쾌락만을 추구한 것은 아닙니다. 그들의 신조는 현재와 미래를 대하는 방식과 관련이 있습니다.

"Carpe diem."이라는 라틴어 문장을 먼저 살펴보겠습니다. 우선 'diem'은 '낮' 혹은 '날'을 뜻하는 명사 dies의 목적격입니다. 영어의 day와 비슷하죠. 문제는 동사입니다. 'carpe'는 동사 carpo의 명령형입니다. 아마도 '잡다' 혹은 '움켜쥐다'라는 뜻이 아닐까 생각하겠지만, 사실은 '추수하다', '수확하다'라는 뜻입니다. 그러니까 "Carpe diem."을 직역하면 '날을 수확하라.', '현재를 수확하라.'입니다.

carpo의 기본 동사 carpere는 '과일'을 뜻하는 고대 그리스어 karpos, 그리고 '꺾다'를 의미하는 고대 그리스어 keiro와 관련이 있습니다. 그러니까 "카르페 디엠."을 올바로 이해하려면 잘 익은 사과를 나뭇가지에서 따는 장면을 떠올려야 합니다.

함께 상상해 보시죠. 길을 걷고 있습니다. 문득 올려다보니 사과나무 가지에 빨간 사과 하나가 달려 있습니다. 너무도 먹고 싶습니다. 손을 들어 사과를 쥐고, 딱 따 버립니다.

호라티우스는 현재라는 순간을 그렇게 대하라고 이야기합니다. 우리는 기다리고 미루는 데 익숙합니다. 나무에 매달린 사과를 보아도, 조금 더 기다리면 잘 익겠지 생각하고 지나칩니다. 그러나 시인은 이렇게 노래합니다.

오늘을 잡아라. 미래는 믿지 말고.

그러니 "카르페 디엠."은 단순히 현재의 즐거움에 탐닉하라는 의미가 아니지요. 현재는 그 자체로 완전합니다. 그러니 알 수 없는 미래의 수확을 위해서 현재를 희생하는 일은 하지 않아야 합니다. 현재라는 과일을 바로 꺾어서 이로 꽉 깨물어 먹으라는 이야기입니다.

현재는 미래에 이룰 어떤 목적 때문에 비로소 의미 있는 것이 아닙니다. 이 자체에 이미 의미와 목적, 가치가 담겨 있습니다. 왜냐하면 이 현재 안에 수많은 과거의 노력과 고민이 녹아 있기 때문입니다. 잘 익은 사과를 맛보는 이 순간이 달콤한 이유는 사과나무가 오랜 세월 비바람을 견디고 버티었기 때문입니다. "카르페 디엠."은 현재를 과거의 눈으로 보자, 그래서 충만히 쌓인 의미를 보자는 말입니다. 그래서 "현재를 즐겨라."라는 말은 “현재를 수확하라.”라는 의미입니다. 여기서 우리는 익은 곡식과 과일을 기쁘게 추수하는 농부의 마음이 됩니다.

물론 어떻게 인생의 모든 날이 그 자체로 의미 있고 풍요로울 수 있겠습니까. 우리는 매 순간 장차 다가올 미래를 위해서 무언가를 준비하고 무언가를 희생하며 무언가를 견딥니다. 하지만 이런 일만으로 인생이 채워진다면, 그래서 항상 미래를 생각해야 현재의 의미를 발견할 수 있다면 이건 옳지 않은 일입니다. 현재의 의미를, 현재의 풍요와 즐거움을 더욱더 적극적으로 찾아야 합니다.

시인 정현종은 언젠가 지난날을 돌아보며 좀 더 사랑하지 못한 걸 후회했다고 합니다. 시인은 이렇게 외칩니다. “모든 순간이 꽃봉오리인 것을!” 지금 이 순간, 지금 현재, 이는 꽃봉오리, 개화의 절정으로 치달은 예쁜 꽃봉오리입니다. 무엇을 기다리십니까. “카르페 디엠!” 현재를 붙잡으십시오.

“크로노스와 “카이로스”

“크로노스와 카이로스”, 이 두 단어 모두 고대 그리스어로 ‘시간’을 의미합니다. 고대 그리스인들이 시간을 규정하는 데 두 단어를 사용했다는 것은 시간에 대한 두 가지 관념을 가지고 있었다는 뜻입니다. 완전한 동의어라면 하나를 가리키는 두 개의 단어가 존재할 이유가 없을 테니까요.

우선 크로노스chronos를 보겠습니다. 우리가 잘 아는 시간입니다. 물리적으로 측정할 수 있고 앞뒤 순서가 항상 정해지는 시간입니다. 시계라는 물리적 기구에 의해 표상되는 시간이죠. 1분, 2분 또는 1시간, 2시간, 이렇게 측정되는 균질한 시간을 의미합니다. 역사적으로 중요한 사건을 연대순으로 적은 기록을 흔히 ‘크로놀로지chronology’, 연대기라고 하는데요, 이

단어에 이 크로노스라는 말이 들어 있습니다.

반면에 카이로스kairos는 특별한 시간, 특별한 의미가 있는 시간입니다. 여기서 중요한 것은 물리적인 측정 대상이 아니라 우리가 부여하는 각별한 의미입니다. 그러니까 크로노스가 객관적 시간이라면 카이로스는 주관적 시간이라고 말씀드릴 수 있습니다. 내가 누군가에게 사랑을 고백할 시기를 고민하고 있다면, 혹은 학업에서 중요한 무언가를 시도할 때를 고민하고 있다면, 이는 크로노스에 대한 고민이 아니라 카이로스에 대한 고민입니다.

크로노스는 누구에게나 공평하게 주어집니다. 이를테면 누구에게나 하루는 24시간이죠. 그러나 카이로스는 그렇지 않습니다. 어떤 이에게는 지루한 하루가 다른 이에게는 매 순간 놀라움과 기쁨으로 가득한 시간일 수 있습니다. 어떤 이에게는 무료하고 무의미한 오후가 다른 이에게는 보람이 가득한 순간, 사랑하는 사람을 생각하는 달콤한 순간, 새로운 아이디어가 샘솟는 의미 있는 순간일 수 있지요. 그래서 카이로스는 '기회'로 번역되기도 합니다. 기회란 무엇인가요. 그냥 무심히 흘러가는 시간이 아니라 특별한 시간, 특별한 때를 의미합니다.

고대 그리스인들은 추상적인 개념을 신으로 만들곤 했습

니다. 그리스 신화에서 카이로스는 '기회의 신'으로 등장하지요. 그런데 이 기회의 신, 그러니까 카이로스의 생김새가 몹시 흥미롭습니다.

우선 카이로스의 발에는 날개가 달려 있습니다. 기회는 빠르게 달아난다는 뜻입니다. 그래서 가까이 왔을 때 재빨리 잡아채야 합니다. 만에 하나 놓치면 빠른 속도로 달아나 버리니까요. 그리고 카이로스의 머리칼은 얼굴 앞에 길게 늘어져 있습니다. 기회가 코앞에 다가왔을 때 카이로스의 머리칼을 잡듯 재빨리 잡을 수 있도록. 반면에 카이로스의 뒤통수에는 머리카락이 하나도 없습니다. 그러니 카이로스가 돌아서면, 잡을 수가 없습니다. 한 번 지나간 기회는 다시는 돌아오지 않습니다. 그리고 기회의 신 카이로스는 한 손에 무게를 재는 천칭을 들고 있습니다. 기회는 누구에게나 공평하게 주어진다는 의미입니다.

물리적, 객관적 시간인 크로노스는 우리 앞에서 계속 흘러갑니다. 그리고 우리 눈에 선명히 드러나지요. 해가 뜨고 지고 여름이 가고 가을이 옵니다. 아이는 성장하고 청춘은 또 흘러가지요. 크로노스의 시간은 눈으로 볼 수 있습니다.

그러나 지나가는 카이로스는 우리 눈에 보이지 않습니다. 우리 스스로 의미를 부여하지 않으면 아무리 소중한 것도 카이로스가 될 수 없기 때문입니다. 각별히 주의를 기울이고 생각을 거듭하면서 특별한 의미를 부여하지 않으면 어떤 기회도 나타나지 않습니다. 어쩌면 기회의 신 카이로스는 우리 눈앞에 수차례 나타나서 긴 머리칼을 흔들었을지도 모릅니다. 하지만 우리는 보지 못하고 왜 카이로스가 나에게는 나타나지 않는가 하고 길게 한숨지으며 탄식했을지도 모르는 일입니다.

혹시 기회가 너무 불공평하게 분배되어 있다는 생각이 들지 않나요. 그러나 카이로스에 대한 고대인들의 해석을 듣고 나면 생각이 달라집니다. 기회는 제 발로 찾아오는 것이 아니라 내가 나에게 주어진 시간에 특별히 의미를 부여해서 만들어 낸 것을 가리킵니다. 기회는 나에게 주어지는 것이 아니라 내가 창조하는 것입니다.

"크로노스와 카이로스", 우리는 이 두 세계에 속해 있습니다. 크로노스가 없다면 아주 혼란스럽겠지요. 우리 일상이 규칙적으로 돌아가고 있는 이유는 크로노스가 있기 때문입니다. 크로노스 덕분에 하루 계획을 세우고 다른 사람들과 시간 약속을 하며 이후의 일정을 잡을 테니까요.

그러나 카이로스가 없다면 삶은 육체라는 기계가 작동한 결과에 불과할 것입니다. 크로노스는 누구에게나 공평하게 분배되어 있지만 카이로스는 그렇지 않습니다. 카이로스는 내가 숙고하고 고민하고 의미를 부여해서 내가 만들어 내는 시간입니다. 이것이 기회입니다. 기회는 오는 것이 아니라 내가 만드는 것입니다. 카이로스, 결정적 시간을 지금 만드십시오.

"메멘토 모리"

여러분은 삼단 논법을 알고 있을 것입니다. 대전제와 소전제, 이 두 전제와 하나의 결론으로 이루어진 연역적 추리법으로, 전통적으로 논리학의 기초로 간주되었지요. 그런데 삼단 논법을 설명할 때 항상 나오는 예문도 혹시 기억하는지요? 네, 맞습니다.

모든 사람은 죽는다.
소크라테스는 사람이다.
따라서 소크라테스는 죽는다.

"모든 사람은 죽는다."에서 '죽는다'라는 우리말이 어떤 동작을 나타내는 듯해서 본래 의미가 다소 흐려지는 면이 있습니다. 원래 영어 문장은 "All men are mortal."입니다. 그러니까 주어인 인간의 속성으로 'mortal'이라는 말이 제시되어 있죠. mortal은 죽음을 뜻하는 라틴어 mors에서 나온 말이고 '영원히 살 수 없는, 죽을 수밖에 없는, 죽어야만 하는 운명을 지닌' 등의 의미가 담겨 있습니다.

이번 주제 문장인 "메멘토 모리Memento mori."에도 죽음을 뜻하는 이 라틴어가 들어 있습니다. 그러니까 "모든 사람은 죽는다."라는 말은 어느 누구도 영원히 살 수는 없다, 모든 이들은 사라져 갈 운명에 놓여 있다는 뜻입니다. 논리학 선생님들은 삼단 논법을 가르치면서 사실상 "Memento mori!"라고 계속 말하고 있었던 셈입니다.

이 문장은 특정 철학자에게 귀속된 말은 아닙니다. 라틴어 문장을 살펴보면 memento는 '기억하다'라는 의미의 동사 memini의 2인칭 단수 명령형입니다. mori는 '죽다'라는 뜻의 동사 morior의 부정사 형태지요. 그러니까 영어로 옮기면 "Remember to die.", 말하자면 "너는 언젠가 죽는다는 사실을 항상 상기하라."라는 뜻입니다.

사실 돌이켜보면, 위대한 종교와 철학은 모두 인간이 죽음의 운명을 벗어날 수 없는 유한한 존재라는 점을 힘주어 말하고 있습니다. '생로병사生老病死'라는 네 가지 고통으로 긴 인생길을 규정한 불교가 그러하고, "너는 흙이니 흙으로 돌아갈 것이다."라고 선언하는 기독교가 그러합니다. 철학은 예전부터 죽음을 사유하는 학문이었습니다. 부당한 판결로 죽어 간 소크라테스는 "철학은 죽음에의 연습"이라고 말하기까지 했습니다. 이 말은 삶에 대한, 생명에 대한 올바른 사유는 죽음의 차원까지 포괄할 때 비로소 완성된다는 뜻이겠지요.

현대 독일의 철학자인 마르틴 하이데거는 이 점을 이렇게 표현했습니다.

"인간은 죽음을 향한 존재이다."

죽음이란 언젠가 우리에게 다가오는 사건 같은 것이 아닙니다. 오히려 인간이 존재하는 방식 자체에 죽음이 깃들어 있다고 하이데거는 말하고 있습니다. "인간이란 어떤 존재인가?"라는 질문에 "인간은 죽는 존재이다."라고 대답해야 한다는 것입니다.

그러나 우리는 이 점을 외면하고 싶어 합니다. 물론 우리가 언젠가 죽을 존재라는 점을 알고는 있지만 죽음을 지금의 나와는 상관없는 먼 미래의 사건으로 간주하고 도피하려고 하죠. 그러나 하이데거에 의하면 이런 피상적 태도로는 인간에 대한 보편적 진실을 이해할 수 없습니다. 인간에 대한 올바른 이해는 죽음이라는 유한성을 직시하는 자세에서 나옵니다.

이렇게 유한한 인간인 우리는 자신의 한계 앞에서 어떤 태도를 취해야 할까요. 고대 로마의 정치가이자 저술가였던 대大플리니우스는 《박물지》에서 다음과 같이 말한 바 있습니다.

"인간이 인간을 돕는 일은 신적인 것이다."

라틴어로 적으면 'Deus est mortali iuvare mortalem.'입니다. 여기서 인간이라고 번역한 라틴어 단어는 바로 mortali, 영어의 mortal과 같은 의미죠. 그러니까 의역하면, 필연적으로 죽을 존재가 다른 죽을 존재를 도움으로써 죽지 않게 된다는 뜻이겠지요. 그에 따르면 유한한 존재가 자신의 유한성을 넘어서는 방법은 유한한 존재들끼리 손을 잡고 연대하며 서로 돕는 일밖에 없습니다. 유한한 존재인 우리는 연민, 이해, 연대의 마음을 품고 타인에게 다가갑니다.

로마 시대에 죽은 이를 기리는 여러 묘비명이 유행했는데요. "그대 위의 흙이 가볍기를."이라는 말도 널리 쓰였습니다. 라틴어로 "Sit tibi terra levis."인데, STTL이라는 약어로 많이 사용되었죠. 흙으로 돌아가는 인생의 끝을 맞은 이에게 흙이 가볍기를 바라다니 왠지 공허한 바람 같지만, 평생에 걸친 망자의 수고를 기억하고 평안을 기원하는 따뜻한 마음을 잘 드러내는 문구라는 생각이 듭니다.

나이를 먹어 간다는 것은 조금씩 죽음과 타고난 운명의 관계를 더 깊이 인식한다는 뜻이고 이런 점에서 점점 현명해지는 것을 의미하는 듯합니다. 물론 쉬운 일은 아니죠. 철학자 세네카는 "오래 살았다는 사실의 증명이 그저 오래 산 나이 말고는 아무것도 없는 노인들이 있다."라고 한탄했습니다. 나이를 먹어 갈수록 다른 이들을 더 잘 이해하게 되고 그들을 더 많이 도울 수 있다는 것은 어쩌면 큰 행운인지도 모르겠습니다. 이 점에서 늙어감은 어쩌면 축복이라고 생각합니다. "메멘토 모리.", 죽음을 기억하라. 여러분께 오히려 축복의 문장으로 기억되길 바랍니다.

"메덴 아간"

'어떤 것도 지나치지 않게'라는 뜻의 고대 그리스어입니다. 얼핏 보면 극단을 피하고 중용을 유지하라는 평범한 권고 같지만, 찬찬히 들여다보면 매우 귀한 뜻이 들어 있음을 알 수 있습니다.

"메덴 아간meden agan", 이 문장은 단 두 단어로 이루어져 있습니다. 우선 'meden'은 '아무것도 아닌 것'을, 'agan'은 '지나치게'를 의미합니다. 이 두 단어가 합쳐져서 '어떤 것도 지나치지 않게'라는 뜻의 문장이 되었죠. 이렇게 보면 이 문장에는 주어도 서술어도 없다는 것을 알 수 있습니다. 목적어와 부사어로만 이루어져 있죠. 그러나 주어를 상상하기는 어렵지 않습니다.

이 문장은 누군가를 상대로 한 명령문으로 이해하는 것이 자연스럽습니다. 문제는 서술어인데요, 생략된 서술어는 오히려 해석의 자유를 선사하는 것 같습니다. “어떤 것도 지나치게 먹지 마라.”, “어떤 것도 지나치게 말하지 마라.”, “어떤 것도 지나치게 기대하지 마라.” 등으로 다양하게 풀 수 있죠.

이 문장은 고대 그리스의 솔론이 적은 글이라고 전해집니다. 솔론은 기원전 7~6세기에 아테네에서 매우 중요한 일을 한 인물입니다. “메덴 아간”, 그러니까 ‘어떤 것도 지나치지 않게’라는 말의 의미를 이해하기 위해서는 솔론의 생애와 시대 배경을 살펴보아야 합니다.

이 시기 아테네가 처해 있던 상황을 먼저 살펴보겠습니다. 당시 아테네의 정치권력은 귀족들이 장악했습니다. 고대 국가의 일반적인 상황이죠. 그런데 기원전 7세기경에 이르면 평민들이 권력을 틀어쥔 귀족에게 본격적으로 도전합니다. 물론 평민들의 정치의식이 성장한 것도 중요한 이유였죠. 그러나 무엇보다 자기 땅이 없는 농민들이 경제적 어려움에 부닥쳐 빚을 지면서 노예로 전락하기도 하는 위태로운 상태에 내몰렸기 때문이었습니다. 아테네 시민들은 위기의식을 공유했고, 결국 한 사람에게 정치적 해결책을 만들고 실행하는 막강한 권한을 부여하기로 했습니다. 이 역할을 맡은 사람이 바로 솔론입니다.

솔론은 이런 임무를 수행하기에 좋은 조건을 여럿 가지고 있었습니다. 우선 귀족 출신이지만 평민들의 신망이 두터웠습니다. 갈등하고 있는 양 진영의 지지를 고루 받을 수 있었죠. 게다가 당시 살라미스섬의 통치권을 두고 라이벌 도시 국가인 메가라와 치른 전투에서 지휘관으로 참전해 혁혁한 무공을 세우기도 했습니다. 게다가 솔론은 시인이자 철학자였습니다. 그래서 시민들은 효율적인 정책뿐 아니라 아테네 사회의 새로운 도덕을 제시하고 이끌 수 있는 지도자 역할을 기대했습니다. 솔론은 '아르콘'이라 불리는 최고 권력자 지위에 올라 조정자 역할을 수행하게 됩니다.

솔론은 평민들 편에 서서 기존 부채를 대거 탕감해 주었습니다. 그리고 평민들이 아테네라는 국가 공동체의 의사 결정에 참여할 수 있는 길을 열어 주었지요. 다른 한편으로 귀족들의 입장도 존중하여 일괄적인 토지 분배에 반대했고, 재산이 있는 이들의 권한을 합리적인 선에서 확대해 주었습니다. 그는 귀족과 평민 두 진영에게 동시에 "메덴 아간"을 외친 셈입니다. 서양 역사상 가장 위대한 조정자로 자리매김한 아테네의 솔론에게 가장 어울리는 말이 아닐 수 없습니다.

솔론은 자신이 지향하는 가치에 대해 다음과 같은 말을 남겼습니다.

> "나는 평민과 귀족 양편 모두를 향해 강한 방패를 들고 서서, 어느 편도 부당한 승리를 거두지 않도록 하였다."

이러한 이해관계를 조정하는 일은 당연히 쉽지 않았습니다. 반발도 만만치 않았죠. 그래서 솔론은 개혁 입법을 마련한 뒤에 바로 아테네를 떠났습니다. 법을 후퇴시키고 그의 조정을 무력화하려는 여러 시도를 애초에 차단하려는 의도였을 겁니다.

우리는 일상에서 대립하는 여러 의견에 둘러싸여 있습니다. 대립과 불화에는 중간에서 서로 연결하고 매개하는 조정과 타협의 정신이 필요합니다. 이 조정과 타협을 위해서는 극단을 경계하는 태도가 요구되지요. 자기 자신에 대한 도덕적 확신에 취해서 극단으로 달려가는 사람들에게 우리는 "이제 그만."이라고 말해야 합니다. 우리의 현재를 둘러보면 어떻습니까. 누군가 "메덴 아간!"이라고 말해야 하지 않겠습니까. 사회 갈등을 중용의 지혜로 풀어낸 솔론, 그의 귀한 정신을 다시 기억해 봅니다. "메덴 아간", 어떤 것도 지나치지 않게.

"소극적 자유와 적극적 자유"

자유의 개념은 철학의 역사만큼이나 오래되었고 철학의 근본 문제 중 하나입니다. 도덕적 책임의 문제, 결정론과 자유의지의 문제, 사회 정의의 문제 등 철학의 많은 논제에 자유의 개념이 관련되어 있습니다.

20세기 영국의 철학자 이사야 벌린은 자유를 "소극적 자유와 적극적 자유"로 구분한 바 있고, 이는 현대 철학에서 자유의 논의에 결정적인 영향을 미쳤습니다. 벌린이 이야기한 두 가지 의미의 자유를 같이 생각해 보겠습니다.

벌린은 1909년에 태어나서 1997년에 사망한 영국의 철학자입니다. 대학에서 철학을 전공했고 이후 옥스퍼드 대학에서 교수로 재직하면서 오랫동안 학생들을 가르쳤습니다. 그는 특히 도덕 철학 분야에서 매우 영향력이 큰 저서들을 남겼습니다. 현대 도덕 철학에서 가장 중요한 학문적 유산을 남겨 준 사람을 꼽으라고 하면, 미국에서는 존 롤스를, 영국에서는 이사야 벌린을 말합니다. 자유에 대한 벌린의 글은 존 스튜어트 밀의 《자유론》과 함께 자유에 대한 탐구의 역사에서 가장 빛나는 성과라 할 수 있습니다.

벌린의 명민함과 관련된 재미있는 일화가 하나 있습니다. 벌린은 30대 초반에 잠깐 미국 주재 영국 대사관에서 근무했습니다. 미국의 정치 상황에 대한 보고서를 작성해 본국으로 보내는 일을 맡았죠.

그런데 벌린의 보고서가 아주 탁월했답니다. 당시 수상 윈스턴 처칠은 이에 감탄하여 벌린을 관저의 식사 자리에 초대했습니다. 그런데 처칠의 비서진들이 큰 실수를 하게 됩니다. 〈화이트 크리스마스〉라는 크리스마스 캐럴을 알고 계실 텐데요, 이 노래의 작곡자인 어빙 벌린을 만찬 자리에 초대한 것입니다. 처칠이 어빙 벌린에게 세계 대전이 언제쯤 끝날지, 루스벨트가 또 선거에 이길지 등을 물었는데 어빙 벌린은 중얼대기만 했던 모양입니다. 만찬이 끝난 뒤에 처칠은 부인에게 "이사야 벌린은 말하기 능력보다 글쓰기 능력이 훨씬 낫다."라고 말했다는군요.

벌린은 1957년에 옥스퍼드 대학 교수로 부임했는데요, 이듬해인 1958년에 역사에 길이 남을 취임 기념 강연을 합니다.

이 강연 제목이 〈자유의 두 개념Two Concepts of Liberty〉입니다. 이 강연은 책으로 출판되었고 벌린의 저술 중에서 가장 유명한 글이 되었습니다.

이 글에서 벌린은 "소극적 자유와 적극적 자유"를 구분합니다. 벌린에 따르면 "소극적 자유"는 내가 외부 요인의 방해를 받지 않는 상태를 가리킵니다. 우리는 통상 이것을 자유의 개념으로 이해합니다. 내가 교도소에 갇혀 있지 않으면, 내 손이 수갑에 채워져 있지 않으면 자유로운 것입니다. 내 의지를 방해하는 외부 힘이 존재하지 않는 자유의 상태를 벌린은 "소극적 자유"라 불렀습니다.

반면에 "적극적 자유"란 이를테면 선택의 자유, 결정의 자유를 말합니다. 예를 들어 어떤 청년이 취업을 하고는 싶은데 할 수 없다면 자유롭다고 느끼지 못할 것입니다. 취업을 방해하는 외적 장애물이 버티고 있어서 자유롭지 못한 것이 아니라 자신의 욕구를 실현할 수 없어 자유롭지 못한 것입니다. 우리는 욕구를 실현할 때 자유롭다고 느낍니다. 이를테면 마약을 끊고 싶어도 끊지 못하는 사람은 어딘가에 갇혀 있지 않다 해도 적극적 자유의 측면에서는 자유롭다고 할 수 없습니다.

적극적 자유에서는 욕구의 실현이 핵심이기 때문에, 이 자유를 얻기 위해서는 욕구가 합리적이어야 합니다. 만일 어떤 이가 감옥에 앉아서 밖으로 나갈 생각을 전혀 하지 않는다면, 그는 자신이 방해받고 있다고 생각하지 않을 것입니다. 그런 의미에서 이 죄수는 소극적 의미의 자유는 누리고 있다고 말할 수 있습니다. 왜냐하면 방해받을 의지 자체가 없기 때문입니다. 그러나 우리는 이 죄수가 적극적 의미의 자유는 누리지 못한다고 이야기할 것입니다. 적극적 자유는 자기 결정과 선택의 자유, 합리적으로 자신의 욕망을 구성하고 이에 따라 행동할 수 있는 자유를 뜻하기 때문입니다.

다시 말해, 소극적 자유는 '어떤 것으로부터의from' 자유를, 적극적 자유는 '어떤 것을 향한to' 자유를 의미합니다. 이 두 가지 차원의 자유를 구분한 뒤에 벌린은 우리가 진정 자유롭기 위해서는 이 두 가지 의미의 자유가 모두 필요하다고 말합니다. 우선 소극적 자유가 필요합니다. 우리를 구속하는 외부의 방해물이 없어야죠. 그러나 여기에 적극적 의미의 자유가 따라와야 합니다. 즉 우리는 방해받지 않는 상태를 넘어 어디로 갈지, 우리의 욕구는 무엇인지, 이에 따른 선택은 합리적인지 끊임없이 질문하고 결정을 내린 다음 자유롭게 나의 의지를 펼쳐 나가야 합니다. 진정한 자유는 그리 쉽게 얻을 수 없습니다.

Part 6

세상의 속도에 휩쓸리지 않는 생각의 뿌리를 키우는 한마디

"오컴의 면도날"

혹시 《장미의 이름》이라는 소설을 읽어 보셨나요? 이탈리아가 배출한 걸출한 지식인 움베르토 에코의 작품입니다. 이 소설은 세계적인 베스트셀러가 되었을 뿐 아니라 전설적인 명배우 숀 코너리가 주연한 영화로 만들어지기도 했지요.

소설은 14세기 초 한 수도원에서 일어난 살인 사건을 배경으로 삼고 있습니다. 주인공은 프란체스코 수도회 소속인 바스커빌의 윌리엄입니다. 여기서 '바스커빌'은 코난 도일의 '셜록 홈스' 시리즈 가운데 1901년에 발표한 《바스커빌 가문의 개》에서 따온 것입니다. 이름인 윌리엄은 중세 말기에 활약했던 영국 철학자 오컴의 윌리엄에서 따왔고요. 그 역시 프란체스코회 소속이었는데, 영국 남부의 오컴이라는 작은 마을에서 태어났기 때문에 오컴의 윌리엄이라 불렸습니다. 줄여서 '오컴'이라고도 합니다.

오컴은 중세 말기의 철학자입니다. 그의 철학의 핵심은 "오컴의 면도날"이라는 문구로 널리 알려져 있습니다. 오컴에 따르면 철학자는 칼을 잘 휘둘러야 하는데, 철학자의 칼, 철학자의 면도날이란 무엇일까요?

오컴 철학의 핵심에는 다음과 같은 두 가지 주장이 놓여 있습니다. 첫째, 필요 없이 많은 것을 가정해서는 안 된다. 둘째, 적은 수의 논리로 설명이 가능한 경우, 많은 수의 논리를 세우지 말라. 한마디로 대상 혹은 상황에 대해 복잡한 설명보다는 단순한 설명을 선택하는 쪽이 합리적이라는 뜻입니다.

예를 들어 여러분이 카페에서 커피를 마시는데, 의자에서 커피 자국으로 짐작되는 다소 짙은 색의 얼룩을 보았습니다. 그러면 누가 커피를 마시다가 흘렸다고 생각하는 것이 가장 유력하고도 합리적인 가정입니다.

물론 어떤 이가 물감으로 정교하게 그려 넣고 심지어 향도 뿌려서 커피 자국처럼 위장했을 가능성도 상정할 수 있겠죠. 그러나 유력한 증거가 없는 한 이런 가정은 매우 비합리적으로 보입니다. 그런 복잡한 설명은 예상치 못했던 증거가 새로 발견될 때만 비로소 합리적인 수준으로 진입하게 됩니다. 합리적인 설명은 간단한 설명입니다. 오컴은 면도날을 휘둘러 불필요하게 복잡한 설명을 단순하게 만들고 싶어 했습니다.

중세는 어떤 시대였습니까? 신학의 시대, 형이상학의 시대였습니다. 우리 눈에 보이는 존재 이외에 창조주와 삼위일체, 천사들, 그리고 수많은 형이상학적 개념과 본질이 세계를 가득 채운 시대였죠.

오컴은 14세기에 활동한 철학자입니다. 말하자면 중세가 거의 저물어 가는, 르네상스를 앞둔 시기입니다. 오컴은 수많은 전통적 개념에 면도날을 들이댔습니다. 현상을 설명하기 위한 가설과 가정의 개수를 줄이고 싶어 했고, 개별 사물들을 설명하는 본질의 세계를 없애고 싶어 했으며, 되도록 경험적인 사물들에 관심을 기울이려 했습니다. 다름 아닌 근대적인 태도입니다. 그의 합리주의는 저물어 가는 중세 기독교에 최후의 일격을 가한 셈입니다. 그러니 오컴은 말하자면 최후의 중세 철학자일 수도 있고 최초의 근대 철학자일 수도 있겠지요.

오컴이 단지 이론 철학의 영역에서만 칼을 휘두른 것은 아닙니다. 당시 교황 요한 22세에게 맞서 교회의 청빈을 역설하다가 이단자로 판정받고 파문당하게 됩니다. 생명의 위협을 느낀 그는 뮌헨으로 이주하여 신성 로마 제국의 루트비히 4세의 보호를 받으며 여생을 보냅니다. 오컴은 열정적인 싸움꾼

이었습니다. 이론의 영역에서나 실천의 영역에서나 그의 면도날은 항상 날카로웠죠.

지금 우리 시대를 돌아봅니다. 수많은 음모론이 난무합니다. 물론 개중에는 기존의 설명이 매우 불충분하여 합리적 의심의 여지가 있는 주장도 있을 겁니다. 그러나 대부분의 음모론은 터무니없는 가정과 가설 들을 동원해서 상황을 복잡하게 설명하죠. 심지어 음모론에 부정적인 증거 앞에서는 자신을 보호할 또 다른 음모론을 들고나옵니다.

이 시대야말로 오컴의 면도날이 필요하다는 생각이 듭니다. 합리적으로 사고하기 위해서는 우선 단순해져야 합니다. 그래야 상대방에게 자기 입장을 분명히 전할 수 있고 합리적이고 개방적인 태도로 대화할 수 있습니다. 간단한 설명이 합리적인 설명입니다.

“패러다임 전환”

영어 ‘paradigm shift’를 보통 우리말로 ‘패러다임 전환’이라고 번역합니다. 패러다임은 일상에서 제법 많이 쓰는 말입니다. 패러다임이 전환되었다, 누가 새로운 패러다임을 제시했다, 이런 표현을 많이 들어 봤을 것입니다. 그래서 “패러다임 전환”이라는 문구의 의미를 잘 알고 있다고 생각하기 쉽죠. 그러나 알고 보면 패러다임이라는 단어와 “패러다임 전환”이라는 문구는 철학에서 매우 정교하게 설계된 이론에 의해서 뒷받침되는 학술 용어입니다.

패러다임이 지금은 상식적인 용어 중 하나가 되었지만, 사람들의 입에 오르내리기 시작한 것은 사실 오래되지 않았습니다. 이 말을 본격적으로 유행시킨 사람은 미국의 과학 철학자

토머스 쿤입니다. 그는 1962년에 기념비적인 저작 《과학 혁명의 구조》를 펴냅니다. 제목에서 알 수 있듯이 과학 혹은 과학사에 대한 저술입니다. 그러나 과학계를 넘어 철학을 비롯한 인문학 그리고 사회 과학에 엄청난 영향을 미쳤고, 이제는 현대 고전의 반열에 오른 아주 중요한 책입니다. 바로 이 책에서 쿤은 패러다임이라는 용어를 매우 중요하게 사용했습니다.

여러분은 지식의 진보 혹은 학문의 진화가 어떻게 일어난다고 생각하시나요? 크게 둘로 나누면 지식은 차근차근 쌓여간다고 보는 견해가 있고, 돌연히, 비약하듯 진보한다고 보는 견해가 있습니다. 쿤은 후자의 견해를 대표하는 철학자입니다. 그에 의하면 과학의 역사는 단절적 변화의 역사입니다.

쿤에 의하면 특정한 하나의 시대는 특정한 하나의 패러다임에 의해서 규정됩니다. 쿤은 패러다임이라는 말을 특정 시대 과학자 집단의 구성원들에 의해 공유되는 신념, 가치, 기술 등을 모두 망라하는 의미로 사용합니다. 한마디로 동시대인들이 공유하는 세계관입니다. 이를테면 예전의 천동설이 이런 패러다임의 한 예입니다. 이때 과학자들은 모두 태양이 지구 주위를 돌고 있다고 믿었습니다.

이렇게 하나의 패러다임이 지배하는 시기에 기존 패러다

임에 반하는, 기존 패러다임으로는 해석할 수 없는 변칙적 사례들이 출현합니다. 그런데 패러다임의 지배력이 강한 시기에는 이런 사례들을 쉽게 무시하죠. 지극히 예외적인 사례 또는 측정 오류 정도로 치부하기도 합니다. 그러면서 주류 패러다임에서 벗어나지 못합니다.

그런데 이런 변칙적인 사례들이 계속 쌓이다 보면 어느 순간 기존 패러다임은 지배력을 상실하고 이 변칙을 설명할 수 있는 새로운 패러다임에 의해 교체됩니다. 이것이 패러다임 전환입니다. 이 과정은 예측하기 어려우면서도 전면적인 인식의 전환을 가져오기 때문에 쿤은 이를 '혁명'이라고 불렀습니다. 자신의 책 제목에도 사용한 용어입니다. 이런 패러다임의 혁명 중에서 가장 유명한 사례가 바로 천동설에서 지동설로의 변화입니다.

나아가 쿤은 두 패러다임, 그러니까 전복되는 패러다임과 전복하는 패러다임, 패배하고 물러나는 패러다임과 새롭게 진격하는 패러다임 사이에는 어떠한 공통점도 없다고 주장합니다. 학문 발전의 돌발적이고 급작스러운 이행 과정을 강조한 것이죠.

두 패러다임 사이에 공통점이 없다는 주장은 무엇을 의미할까요? 이렇게 볼 수 있습니다. 우리는 기존 패러다임, 그러니까 현재 우리의 인식 체계를 지배하고 있는 신념 체계와 가치 체계를 아무리 분석하고 연구해 보아도, 장차 도래할 새로운 패러다임을 예측할 수 없다는 의미입니다. 즉 현재를 자세히 살펴도 미래를 알 수 없습니다.

그러면 다가올 패러다임을 예측할 방법이 전혀 없는 것일까요? 그렇지 않습니다. 제가 앞에서 설명한 내용을 기억하시기 바랍니다. 자칫 우리가 무시하거나 지나치고 있을, 기존 패러다임의 패배를 예측하는 현상들이 있습니다. 바로 지속적으로 발생하는 예외적 사례, 변칙적 사례입니다. 우리가 주류 패러다임에만 시선을 집중하다 보니 이들을 그저 예외나 오류, 변칙으로만 취급하게 됩니다. 우리에게 미래의 패러다임을 알려 주는 메신저라는 생각은 전혀 하지 못하는 겁니다.

새로운 패러다임에 대한 실마리를 얻고 싶으십니까? 여러분이 해야 할 일은 분명합니다. 예외성, 주변성에 주목하셔야 합니다. 새로운 패러다임은 현재의 패러다임 밖에서 옵니다. 저 밖에서 갑자기 그리고 예외적으로 발생하는 사건들을 통해 자신을 드러내기 시작합니다. 지식 혁명은 항상 변방에서 시작됩니다. 패러다임 전환에 눈뜨기 위해서는 우리 눈을 밖으로 돌려야 합니다. 진리는 진리 밖에 있습니다.

"에포케"

이 말은 고대 그리스어로 '판단 중지' 혹은 '판단 정지'를 의미합니다. 고대 그리스 철학에서 시작된 용어로 현대 철학, 특히 독일 철학자 에드문트 후설이 주도한 현상학에 이르기까지 서양 철학에서 매우 중요한 의미를 지녀 왔습니다.

"에포케epoché"라는 말의 의미를 살펴보기 위해 고대의 회의주의자 퓌론까지 거슬러 올라가려 합니다. 퓌론은 그리스 문명이 전 세계로 뻗어 나가던 시기, 이른바 헬레니즘 시대를 살다 간 철학자입니다.

헬레니즘 철학의 중심 문제는 행복입니다. 물론 퓌론 이전의 고대 그리스 철학자들도 행복을 철학적 탐구의 중심에 놓았지만, 헬레니즘 시대에 이르면 개인의 행복에 더욱 집중하게 됩니다. 이 시기 많은 철학자들이 '아타락시아ataraxia'를 행복의 기준으로 삼았습니다. 아타락시아는 흔들림 없는 마음의 상태를 말합니다. 헬레니즘 시대는 이 아타락시아, 흔들림 없는 평온한 상태를 행복의 이상으로 삼고, 이에 도달하는 여러 처방들을 논의했던 시기라고 말씀드릴 수 있습니다.

여러분은 어떤 때 마음의 동요로 고통받으시나요? 아마 자신의 지식이나 믿음이 사실이 아닌 것으로 드러날 때일 것입니다. 내가 신실하고 흠 없는 사람으로 믿었던 사람이 그렇지 않은 행동을 할 때, 내가 기대를 품었던 사람이 그에 반해서 행동할 때 우리는 흔들리게 됩니다. 회의주의자 퓌론은 이런 판단을 그만둘 때 영혼의 행복을 찾을 수 있다고 말합니다. 판단을 유보하기, 판단을 내릴 때 조심스러운 태도 취하기, 바로 이것이 에포케, 다시 말해 판단 중지입니다. 퓌론에게 에포케는 아타락시아, 그러니까 행복에 이르는 지름길인 셈입니다.

아타락시아의 의미를 생각해 볼 수 있는 퓌론에 관한 일화 하나를 들려주겠습니다. 퓌론이 배를 타고 여행을 하고 있었습니다. 마침 큰 풍랑이 일어서 배가 뒤집힐 지경이었지요. 모두들 불안에 떨었고 순식간에 아우성이 빗발치고 사람들의 얼굴은 눈물로 뒤덮였습니다. 그런데 오로지 퓌론만이 한쪽 구석에서 마치 아무 일도 없다는 듯이 평화로운 표정을 하고 있었죠. 그래서 사람들이 이 난리 통에 어쩌면 그렇게 태평하게 앉아 있느냐고 물었다고 합니다.

퓌론은 조용히 손가락으로 한쪽 구석을 가리켰습니다. 거기에서는 돼지 한 마리가 조용히 무언가를 먹고 있었죠. 퓌론이 말했습니다. "저것이 바로 지혜로운 사람이 가져야 할 마음의 상태, 즉 아타락시아다."

그냥 밥이나 먹고 살자는 이야기는 물론 아닙니다. 내 힘으로 어찌할 수 없는 난폭한 운명이 지배하는 상황에서, 불안과 걱정으로 세월을 허비하기보다는 자신이 할 수 있는 일에 집중해야 한다는 의미입니다. 이를 통해 마음의 평정을 유지하는 일이 우리가 취할 수 있는 가장 좋은 방책입니다.

아마도 퓌론의 회의주의가 인간 행복에 대한 동양 철학의 태도와 매우 유사하다고 생각할지도 모르겠습니다. 퓌론은 저 유명한 알렉산드로스와 세 살 차이밖에 나지 않습니다. 알렉산드로스 대왕은 당시 저명한 철학자였던 퓌론을 동방 원정에 동행하게 했답니다. 알렉산드로스가 이끄는 마케도니아 제국의 군대는 인도까지 쳐들어갔죠. 일부 역사가들은 이때 퓌론이 인도 철학을 접하고 깊은 인상을 받아 회의주의를 근본으로 하는 철학을 완성하게 되었다고 봅니다.

세상이 정말 빠르게 변하고 있습니다. 이렇게 변화무쌍한 환경에서 우리는 매번 빠른 판단을 강요당합니다. 물론 부지런히 변화를 좇으며 공부하고 생각하는 일은 중요합니다. 그러나 한편으로 더욱 큰 그림을 보려면 한 걸음 물러나 이 모든 풍경을 새로운 시각으로 볼 필요가 있습니다. 가령 경영자가 하루하루 매출에만 집착한다면 어찌 미래의 커다란 경영 전략을 짤 수 있겠습니까.

후설은 퓌론의 에포케를 '괄호 치기'로 해석했습니다. 판단을 완전히 삭제하자는 말이 아닙니다. 우리의 지식, 우리의 판단에 일단 괄호를 치고 새로운 대안을 모색하자는 권고입니다. "에포케", 즉 판단 중지는 우리를 진리의 세계로, 마음의 평화로, 그리고 삶의 행복으로 이끌 철학의 처방입니다.

"미디어는 메시지다"

20세기의 가장 탁월한 미디어 이론가 마셜 매클루언의 말입니다. 그가 1964년에 펴낸 《미디어의 이해》에 나오는 말이죠. 현대의 미디어 이론은 매클루언 이전과 이후로 나누어야 할 정도로 매클루언은 아주 중요한 이론가입니다.

우리는 보통 메시지와 미디어를 구별합니다. 여기서 미디어는 언론과 방송만을 의미하지 않습니다. 우리의 메시지를 실어 나르는 모든 매체가 미디어입니다. 메시지는 항상 특정한 미디어를 통해서 전달되죠. 가령 "다음 주에 같이 점심 먹을래?"라는 메시지를 전달하는 상황을 생각해 보죠. 문자든 전화든 말이든 어차피 내가 전하고 싶은 이야기는 같습니다. 다음 주에 당신을 만나서 점심을 같이 먹고 싶다는 얘기죠. 여기서 전달의 미디어, 그러니까 매체는 중요하지 않습니다. 그 안에 담긴 메시지, '다음 주에 같이 점심을 먹자'가 핵심입니다.

매클루언이 문제를 제기하는 지점은 바로 여기입니다. 그는 메시지와 미디어를 나누고 오로지 메시지에만 집중하는 태도는 매우 잘못되었다고 말합니다. 매클루언에 의하면 미디어는 단순한 도구가 아닙니다. 개별 미디어는 고유한 특성들을 가지고 있어서, 메시지를 실어 나르는 것처럼 보이지만, 사실은 미디어 자신을 표현하고 있다고 매클루언은 말합니다. 그러니까 미디어 자체가 메시지라는 겁니다.

여러분이 누군가를 만나 사랑에 빠져 상대에게 그런 마음을 표현하고 싶어졌다고 가정해 봅시다. 휴대 전화 문자를 보내려다가 문득 손으로 적은 편지를 보내면 어떨까 하는 생각이 들었습니다. 그래서 오랜만에 편지지를 사서 내용을 빼곡히 적어 내려갔죠. 사랑하는 마음을 담아서요. 만약 상대방이 감동했다면, 단순히 내용 때문이 아니라 자신을 생각하면서 한 자 한 자 써 내려간 여러분의 정성 때문일 것입니다. 즉 편지에 담긴 문장이 아니라 편지 자체가 울림을 준 것이죠. 이를 매클루언은 "미디어는 메시지다."라고 표현한 것입니다. 변화를 이끄는 것은 메시지가 아니라 미디어입니다.

물론 메시지가 아무런 역할을 하지 않는다는 뜻은 아닙니다. 당연히 우리가 미디어를 통해서 어떤 이야기를 하고 싶은가는 매우 중요합니다. 그런 점에서 보면 "미디어는 메시지다."라는 말을 오로지 미디어만 메시지라고 받아들인다면 다소 과한 해석일 수 있다고 생각합니다.

매클루언은 그동안 무시되거나 경시되었던 미디어의 의미와 역할을 강조함으로써 미디어와 메시지에 대한 전통적 생각을 완전히 뒤집었습니다. 매클루언은 미디어와 메시지를 원자폭탄과 이 원자 폭탄 표면에 적힌 글씨에 비유한 적이 있습니다. 누군가 원자 폭탄 자체보다 거기에 쓰여 있는 글씨에 주목한다면 그는 원자 폭탄이 무엇인지 제대로 이해하지 못한 사람이라는 이야기죠.

그래서 매클루언은 이런 이론을 바탕으로 인류의 역사를 크게 네 시기로 구분한 바 있습니다. 구어 시대, 필사 시대, 인쇄 시대 그리고 전자 시대입니다. 새로운 미디어의 출현에 따라 시대를 구분한 것이죠.

표음 문자의 발명이 필사 시대를 열었고, 활자 인쇄술의 발명이 인쇄 시대를 열었으며, 전자 통신의 발명이 전자 시대를 열었습니다. 동일한 메시지가 서로 다른 미디어를 통해 전달된 것이 아니라, 미디어의 진화에 따라 우리를 둘러싼 메시지도 진화했고 그래서 우리 자신도 변화했다고 본 것이죠.

사람은 책을 만들고, 책은 사람을 만든다.

이 한 문장이 매클루언이 말하고자 하는 바를 정확히 담고 있다고 생각합니다. 우리는 책을 읽고 쓰고 만들면서 스스로 변화하는데, 이는 책에 담긴 메시지가 아닌, 책이라는 미디어 때문입니다. 미디어는 계속 변해 갈 테고 이에 따라 우리도 변화할 것입니다. 우리를 바꾸는 것은 메시지가 아니라 미디어입니다.

혹시 오랫동안 연락하지 못한 지인이 있나요? 연락한 지 너무 오래되어서 무슨 말을 해야 좋을지 모르겠다고요? 어쩌면 말이 중요하지 않을 수도 있습니다. 그 사람이 반가워할 것은 메시지가 아니라 여러분이 선택한 도구와 미디어, 여러분의 행동일 테니까요. "미디어는 메시지다." 인터넷과 모바일 기기에서 펼쳐지는 새로운 미디어 세상에서 우리가 반드시 기억해야 할 문장입니다.

"인간은 만물의 척도다"

고대 그리스 철학자 프로타고라스의 유명한 주장입니다. 여기서 인간은 보편적 인간이 아니라, 개인 한 사람 한 사람을 의미한다는 것이 다수 연구자의 해석입니다. 그러니까, 각 사람이 자신만의 평가 기준을 가지고 있다는 말로 해석됩니다. 나의 기준과 너의 기준, 우리의 기준과 그들의 기준이 다르니 서로 존중해야 한다는 뜻이겠죠. 이런 입장을 우리는 흔히 '상대주의'라고 합니다.

프로타고라스는 기원전 490년경 그리스 북부의 도시 압데라에서 태어났습니다. 소크라테스보다 20년 전에 태어나 소크라테스만큼이나 유명했던 철학자입니다. 고대 그리스의 아테네에서 활약했던 소피스트들의 이야기를 들어 봤을 겁니다.

오늘의 주인공 프로타고라스가 바로 대표적인 소피스트 중의 한 사람입니다. 소피스트들의 활약이 얼마나 대단했냐면, 당시 아테네에서는 소크라테스도 소피스트로 오해하는 사람들이 많았을 정도라고 합니다.

프로타고라스가 활약했던 기원전 5세기의 아테네는 한마디로 민주주의의 전성기였습니다. 민주주의가 무엇입니까? 모든 사람이 자신의 의견을 공개적으로 표명하고 타인과 논쟁을 벌여 주장을 관철하려고 노력하며, 종국에는 다수의 결정에 따라 공동체를 운영하는 체제입니다. 그러니 민주주의에서 설득과 논쟁이 매우 중요하다는 사실은 새삼 강조할 필요도 없습니다.

기원전 5세기 당시의 소피스트들은 논쟁의 전문가들이었습니다. '소피스트sophist'라는 말은 지혜를 뜻하는 '소피아sophia'에서 나왔습니다. 그러니까 소피스트는 민주주의의 체제에서 살아가는 사람들에게 가장 중요한 언어 역량 개발을 도와주는, 요즘 말로 전문 컨설팅 집단이었던 셈입니다. 당연히 사회적 수요가 매우 높았고 많은 보수를 받으며 높은 명성을 쌓았습니다. 이들은 아테네 민주주의의 핵심 요소 중 하나였습니다.

그런데 우리는 평소 민주주의라는 말에 익숙해서 잘 느끼지 못하는 점이 있습니다. 민주주의라고 하면 '주의'라는 말 때문에 고전주의나 낭만주의처럼 어떤 정신적 문화적 사조를 떠올립니다. 그러니까 우리 현대사에서 오랜 기간 독재 정권에 항거하면서 옹호해 왔던 어떤 숭고한 가치에 대한 이름으로 여기는 경향이 있지요. 그러나 민주주의는 엄밀히 말하면 어떤 사상에 대한 이름이 아니라 체제에 대한 이름입니다. 생각이 아니라 원리를 가리키는 말입니다. 즉 민주주의는 특정한 한 사람 혹은 몇 사람이 아니라 국민 전체가 국가의 주권을 행사하는 정치 체제를 말합니다.

민주주의는 상대주의를 옹호합니다. 거꾸로 말해서 상대주의는 민주주의라는 토양에서 무럭무럭 자라납니다. 민주주의는 개인의 생각과 취향에서 완전히 독립된 절대적 진리가 존재한다는 주장을 부정합니다. 민주주의는 다수결에 의존하는 제도이고, 다수결은 서로 다른 생각과 취향 들을 충분히 존중한다는 전제 위에 서 있습니다. 즉 "인간은 만물의 척도이다."라는 말로 상대주의를 강하게 옹호했던 프로타고라스는 당시 민주주의의 핵심 정신을 잘 표현한 셈입니다. 실제로 프로타고라스는 당시 아테네 민주주의의 상징이었던 정치가 페리클레스와 매우 가깝게 지냈던 것으로 알려져 있습니다.

그런데 소크라테스와 플라톤이 당시의 이런 기류를 강하게 공격하면서 철학사의 무대에 등장했습니다. 특히 플라톤은 프로타고라스의 상대주의를 맹렬하게 공격했습니다. 프로타고라스는 플라톤의 중요한 적수 중 한 명이었죠. 플라톤은 그의 상대주의를 비판하는 〈프로타고라스〉라는 대화편을 저술하기도 했습니다.

플라톤은 절대적이고 객관적인 진리가 존재한다고 주장했습니다. 철학은 사람들을 이러한 진리로 인도하는 것이며, 바로 이것이 철학자들의 첫째 과제라고 말했습니다. 플라톤에 의하면, 공동체의 운명을 결정하는 일에서 어느 개인의 취향이나 연설 솜씨에 영향을 받는 것은 옳지 않습니다. 오직 진리와 올바름, 객관성과 전문성이 판단 척도가 되어야 합니다.

플라톤은 소피스트들이 너무 쉽게 객관적 진리를 포기하고, 사람들에게 말 잘하는 기술이나 가르치면서 돈을 번다고 맹렬하게 비난했습니다. 험한 풍랑이 일어나 배가 요동을 친다면 경험 많은 전문가가 키를 잡아야지 배에 타 본 적도 없는 승객들까지 모두 모여 다수결로 배의 운명을 결정해서야 되겠냐는 것이 플라톤의 논점이었습니다. 이런 플라톤의 주장은 이후 중세 철학을 거치면서 절대자가 소유하는 절대 진리를 믿는 기독교와 잘 어울렸습니다. 물론 현대에는 다시 프로타고라스의 상대주의가 많은 사람의 지지를 끌어내고 있습니다.

우리는 프로타고라스와 플라톤의 시대 이후 여전히 상대주의와 절대주의 사이에서 흔들립니다. 하지만 상대주의와 절대주의는 단순한 선택의 문제가 아니지요. 철학자들은 이 논쟁을 지금도 거듭하고 있습니다. 여러분은 어떻게 생각하시는지요? 프로타고라스의 주장처럼 개인 개인이 만물의 척도입니까. 아니면 플라톤의 주장처럼 객관적 진리가 우리를 인도해야 합니까.

"흄의 단두대"

데이비드 흄은 1711년에 태어나 1776년에 사망한 영국의 철학자입니다. "흄의 단두대"라고 하면 이 철학자가 중요한 무언가를 사정없이 잔인하게 그리고 단호하게 잘라 버렸나 보다 생각하게 됩니다. 글쎄요, 정말 그럴까요?

서양의 근대 철학은 크게 대륙의 합리론과 영국의 경험론으로 나누어집니다. 그런데 흄은 영국 경험론의 절정이자 완성자라고 할 수 있습니다. 16세기 베이컨 이래 본격적으로 시작된 영국의 경험론은 흄에 이르러 이론 체계를 완성하게 됩니다. 철학자 칸트가 흄 덕분에 낡은 형이상학의 독단에서 비로소 깨어났다고 고백한 사실은 아주 유명하죠. "흄의 단두대"를 흔히 '흄의 법칙'이라고도 하는데요, 이후 윤리학의 역사에서 어마어마한 영향력을 발휘했습니다.

흄이 자신의 단두대로 자르고 싶었던 것은 무엇일까요? 바로 사실과 당위當爲 사이입니다. 흄의 표현을 빌리자면 IS와 OUGHT 사이, 그러니까 '이다'와 '이어야 한다' 사이를 자르고 명확히 구분하고 싶어 했죠. 이전의 철학자들은 많은 경우에 사실과 당위를 제대로 구분하지 않았는데, 흄에 의하면, 사실과 당위는 매우 다른 영역이기 때문에 한데 섞여서는 안 되고 사실에서 당위로 함부로 건너가서도 안 됩니다.

이 두 영역을 구분하지 않아서 생기는 오류는 무엇일까요? 예를 들어 이런 문장이 있습니다. "인간 사회에는 많은 차별이 있었다." 이것은 사실적 진술입니다. 그러니까 사실을 잘 살펴서 얻을 수 있는 판단이라는 뜻입니다. 그런데 어떤 사람들은 이렇게 말하기도 합니다. "인간 사회의 차별은 있어도 좋다." 이것은 사실 판단이라기보다는 '당위 판단' 혹은 '가치 판단'입니다.

사실에 대한 경험적 진술이 아니라 말하는 사람이 마땅히 그래야 한다고 보는 것 혹은 말하는 사람의 태도를 표현하고 있습니다. 그런데 가끔 이런 논증을 봅니다. "인간 사회에는 많은 차별이 있었다. 따라서 지금 인간 사회의 차별은 있어도 좋다." 이 논증 혹은 추론은 말하자면, 사실 판단으로부터 당위 판단을 끌어내고 있습니다.

흄이 공격하는 지점은 바로 여기입니다. 그에 의하면 이 같은 추론은 분명한 오류입니다. 사실에 관한 판단에서 당위에 관한 판단이 나올 수는 없기 때문입니다. 이 둘, 그러니까 사실과 당위는 전혀 다른 범주입니다. 흄에 의하면 사실에 관한 판단은 사실의 영역에만 머물러야 합니다.

예를 들어 "인류는 오랫동안 육식을 해 왔다. 따라서 우리는 육식을 해도 좋다."라는 추론이 있다고 해 봅시다. 우리가 육식을 해도 좋을 윤리적 이유가 물론 있을 수 있습니다. 그러나 이 점은 별도로 논증되어야 합니다. 단순히 오랫동안 육식을 해 왔다는 이유로 정당화될 수는 없는 일이죠. 영국의 현대 철학자 조지 에드워드 무어는 '이다'에서 '이어야 한다'를 끌어내는 이런 잘못을 자연주의적 오류라 불렀습니다.

당위의 문제, 가치의 문제는 여전히 우리의 큰 관심사입니다. 어떻게 해야 하는지, 어떻게 살아야 하는지 우리는 하루에도 수없이 고민하고 고민합니다. 얼른 답이 보이지 않을 때 세상 돌아가는 일에 눈을 돌립니다. 세상이 어떻게 변해 가는지 가만히 살펴보면 혹시 내가 어떻게 살아가야 하는지 답이 나오지 않을까 하는 기대를 품고서 말입니다.

아쉽게도 세상 돌아가는 일을 아무리 세심하게 살펴본들 거기에서 내 삶의 가치, 내 삶의 당위를 직접 도출할 수는 없습니다. 사실은 사실이고, 가치는 가치입니다. 즉 가치와 당위는 그것 자체로 성실하고 주도면밀하게 숙고되어야 합니다. 내 삶의 의미와 목적, 혹은 어떤 조직의 목표와 가치 지향은 신문 기사나 통계나 검색을 통해 발견할 수 없습니다. 가치는 밖이 아닌 내 안에서 찾아야 합니다. 가치는 깊은 성찰과 수고로운 사유를 통해서만 마련될 수 있습니다. "흄의 단두대"라는 말을 통해 가치의 엄숙한 영역을 숙고하시길 바랍니다.

"진리는 진리에 반대되지 않는다"

11세기경에 활약한 아랍의 철학자 아베로에스의 말입니다. "진리는 진리에 반대되지 않는다."라는 말은 얼핏 간단해 보이지만, 사실 그렇지 않습니다. 이 짧은 문장에는 이성과 신비, 합리성과 계시, 철학과 종교 등 오랫동안 갈등을 빚은 인간 삶의 대립적 요소들에 대한 대철학자의 사상적 고뇌가 담겨 있습니다.

서양의 중세는 기독교와 함께 출발했다고 할 수 있습니다. 그런데 기독교가 처음부터 완성된 형태로 하늘에서 뚝 떨어진 것은 아닙니다. 처음에는 심한 박해를 받았고 조직도 변변치 않았으며 교리도 명확하지 않았죠. 그래서 초기 기독교는 종교로서 확고한 정체성을 확립하는 일이 매우 긴요한 과제였습니다. 더구나 고대 그리스 철학과 경쟁해야 하는 벅찬 숙제도 풀어야 했습니다. "어떻게 살 것인가."라는 질문에 대한 가장 오래되고 권위 있는 대답은 이미 고대 그리스 철학에서 숙고한 주제였으니까요.

그래서 초기 기독교는 상당히 강한 반이성주의를 표방합니다. 게다가 일반 상식으로는 도저히 이해할 수 없는 '예수의 부활'이라는 사건을 핵심 교리 중 하나로 정립한 바울의 영향도 무시할 수 없습니다.

이런 반이성주의적 경향은 예를 들어 2세기경에 활약한 신학자인 테르툴리아누스가 남긴 문장에 상징적으로 표현되어 있습니다. 그는 "불합리하기 때문에 나는 믿는다."라는 유명한 말을 남겼지요. 테르툴리아누스는 "아테네가 예루살렘과 도대체 무슨 관계가 있다는 이야기인가?"라고 물었습니다. 여기서 아테네는 철학을 상징합니다.

그러나 기독교의 이런 입장은 오래가지 못했습니다. 어찌되었건 인간의 이성, 비판적 사유의 능력을 아예 무시해 버리는 것은 온당치 않으니까요. 그래서 이후 기독교 신학에 이른바 이성주의의 바람이 몰아치기 시작합니다. 흥미롭게도 이런 바람은 이슬람을 신봉하는 아랍에서 불어왔습니다.

아랍의 아비센나는 9세기경 시작된 이슬람 황금시대를 대표하는 철학자입니다. 그는 인간 이성의 잠재력을 긍정하는 합리주의 입장을 대변했습니다. 그런데 약 100년 후 그러니까 정확히는 1095년에 이슬람 철학자 알가잘리가 《철학자들의 모순》이라는 책을 펴냅니다. 여기서 알가잘리는 앞 세대 철학자 아비센나의 합리주의를 맹렬히 공격했습니다. 알가잘리는 이성적 방법을 확신하면 자칫 신학의 올바른 자리를 위협할 수 있다고 주장했지요.

바로 여기에 아베로에스가 개입합니다. 12세기 이슬람 철학의 지형을 결정지은 단 한 명의 철학자를 꼽으라면 아베로에스를 들 정도로 대철학자입니다. 아베로에스는 아리스토텔레스를 깊이 연구했고 의학과 법학, 철학 등을 두루 섭렵하여 방대한 지식을 쌓았죠. 그는 알가잘리가 활동한 시기로부터 약 100년 뒤, 그러니까 1180년에 《모순의 모순》이라는 논쟁적인 책을 펴냅니다. 이것은 알가잘리의 책 《철학자들의 모순》을 의식해서 붙인 제목입니다. 이 책에서 아베로에스는 아비센나의 지나친 이성 중심주의에 대한 알가잘리의 비판은 일리가 있지만, 이 과정에서 알가잘리 자신이 지나치게 신비주의로 기울었다고 평했습니다.

아베로에스는 이성에 제자리를 찾아 주어야 한다고 믿었습니다. 철학적 진리는 종교의 계시에 비해 절대 열등하지 않다고 말했습니다. 둘은 결국 같은 진리를 표현하고 있으며, 다만 진리에 이르는 서로 다른 길일 뿐이라고 생각했던 것입니다. 아베로에스는 철학과 종교가 모순되지 않는다는 신념을 품고 가르쳤습니다. 이런 생각은 "진리는 진리에 반대되지 않는다."라는 그의 말에 잘 표현되어 있습니다. 《결정적 논고》라는 책에서 아베로에스는 다음과 같이 말했습니다.

> "우리의 종교는 참되고, 또 진리에 대한 인식으로 이끄는 연구를 요구하기 때문에, 우리 이슬람교도들은 논증적 연구가 종교의 진리와 상충하는 결론에 이르지 않는다는 점을 분명하게 알고 있다. 왜냐하면 진리는 진리에 반대되지 않고, 오히려 진리는 진리와 일치하며, 진리는 진리의 증거가 되기 때문이다."

그러나 아베로에스의 이런 입장은 끝내 지지받지 못했습니다. 1195년 아베로에스가 70세에 이르렀을 때 이슬람 법정은 그를 이단자로 판정하고 그의 저작들을 모두 불태울 것을 명령합니다. 유럽에서도 마찬가지였습니다. 이 위대한 천재 철학자의 저작들이 유럽으로 들어가 당시 학문의 중심지였던 파리 대학을 중심으로 이른바 아베로에스주의자들이 탄생했지만 결국 13세기 말 가톨릭교회는 아베로에스의 입장을 분명한 이단으로 단죄하고야 말았습니다. 이로써 이성과 신비, 철학과 종교를 화해시키려 했던 아베로에스의 노력은 역사의 뒤안길로 밀려나고 말았습니다.

이성과 종교, 논리와 신비, 과학과 예술 같은 주제를 생각해 보면 우리 삶은 매우 이질적인 영역들에 두루 걸쳐 있음을 알 수 있습니다. 기업과 정치, 민간과 공공, 개인과 사회도 마찬가지라고 생각합니다. 진리에 대한 서로 다른 주장들이 난무하는 이 시기에 우리는 어떤 태도를 가져야 할까요.

진리는 결국 일방적으로 어느 한쪽의 손만 들어 주지는 않을 것입니다. 모든 꽃이 나름의 아름다움을 가지고 있듯이, 모든 입장 또한 나름의 진리를 가지고 있을 겁니다. 우리가 각자의 길을 묵묵히 그리고 오랫동안 성실하게 걷다 보면 언젠가는, 정말 언젠가는, 한 자리에서 모두 만나게 될 겁니다. "진리는 진리에 반대되지 않는다."라고 말했던 아베로에스를 다시 생각하게 됩니다. 진리는 진리와 만나 더 큰 진리로 자라날 겁니다. 그리고 우리 삶은 그 길에 잠시 머무릅니다.

찾아보기

#인명

#도서명

나의 오늘을 춤추게 하는 철학의 한마디

철학이 내 손을 잡을 때

초판 1쇄 펴낸날 2023년 7월 31일
초판 4쇄 펴낸날 2023년 10월 13일

지은이 김수영
그린이 키미
펴낸이 홍지연

편집 홍소연 고영완 이태화 전희선
조어진 이수진 차소영 서경민
디자인 권수아 박태연 박해연 정든해
마케팅 강점원 최은 신종연 김신애
경영지원 정상희 여주현

펴낸곳 (주)우리학교
출판등록 제313-2009-26호(2009년 1월 5일)
주소 04029 서울시 마포구 동교로12안길 8
전화 02-6012-6094
팩스 02-6012-6092
홈페이지 www.woorischool.co.kr
이메일 woorischool@naver.com

ISBN 979-11-6755-218-1 43100

- 책값은 뒤표지에 적혀 있습니다.
- 잘못된 책은 구입한 곳에서 바꾸어 드립니다.
- KOMCA 승인필

만든 사람들
편집 이태화
교정 박기효
디자인 어나더페이퍼 이희영